馮保善 注譯
黃志民 校閱

新譯 幽夢影

三民書局 印行

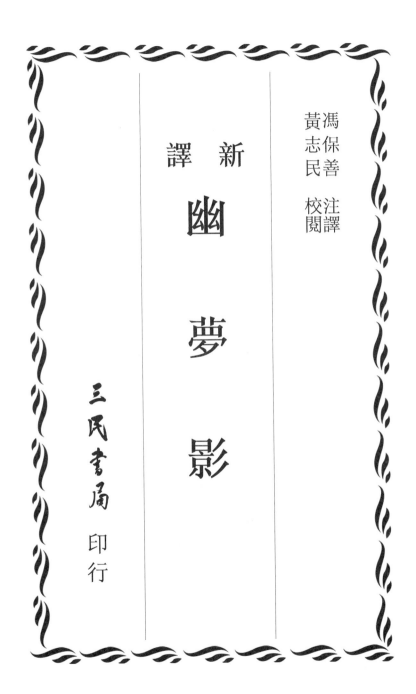

國家圖書館出版品預行編目資料

新譯幽夢影／馮保善注譯,黃志民校閱.－－二版八刷.－－臺北市：三民，2020
面；　公分.－－(古籍今注新譯叢書)

ISBN 978-957-14-4672-1 （平裝）
1.幽夢影－注釋

072.7　　95024416

古籍今注新譯叢書

新譯幽夢影

注譯者｜馮保善
校閱者｜黃志民

發行人｜劉振強
出版者｜三民書局股份有限公司
地址｜臺北市復興北路 386 號 (復北門市)
臺北市重慶南路一段 61 號 (重南門市)
電話｜(02)25006600
網址｜三民網路書店 https://www.sanmin.com.tw

出版日期｜初版一刷 1998 年 4 月
初版七刷 2006 年 1 月
二版一刷 2007 年 1 月
二版八刷 2020 年 1 月
書籍編號｜S031630
ISBN｜978-957-14-4672-1

三民書局

刊印古籍今注新譯叢書緣起

劉振強

人類歷史發展，每至偏執一端，往而不返的關頭，總有一股新興的反本運動繼起，要求回顧過往的源頭，從中汲取新生的創造力量。孔子所謂的述而不作，溫故知新，以及西方文藝復興所強調的再生精神，都體現了創造源頭這股日新不竭的力量。古典之所以重要，古籍之所以不可不讀，正在這層尋本與啟示的意義上。處於現代世界而倡言讀古書，並不是迷信傳統，更不是故步自封；而是當我們愈懂得聆聽來自根源的聲音，我們就愈懂得如何向歷史追問，也就愈能夠清醒正對當世的苦厄。要擴大心量，冥契古今心靈，會通宇宙精神，不能不由學會讀古書這一層根本的工夫做起。

基於這樣的想法，本局自草創以來，即懷著注譯傳統重要典籍的理想，由第一部的四書做起，希望藉由文字障礙的掃除，幫助有心的讀者，打開禁錮於古老話語中的豐沛寶藏。我們工作的原則是「兼取諸家，直注明解」。一方面熔鑄眾說，擇善而從；一方面也力求明白可喻，達到學術普及化的要求。叢書自陸續出刊以來，頗受各界的喜愛，使我們得到很大的鼓勵，也有信心繼續推廣這項工作。隨著海峽兩岸的交流，我們注譯的成員，也由臺灣各大學的教授，擴及大陸各有專長的學者。陣容的充實，使我們有更多的資源，整理更多樣化的古籍。兼採經、史、子、集四部的要典，重拾對通才器識的重視，將是我們進一步工作的目標。

古籍的注譯，固然是一件繁難的工作，但其實也只是整個工作的開端而已，最後的完成與意義的賦予，全賴讀者的閱讀與自得自證。我們期望這項工作能有助於為世界文化的未來匯流，注入一股源頭活水；也希望各界博雅君子不吝指正，讓我們的步伐能夠更堅穩地走下去。

新譯幽夢影　目次

附　錄

導讀

一、張潮與《幽夢影》

張潮（一六五〇～？），字山來，號心齋，別署心齋居士。安徽歙縣人。《虞初新志・北墅奇書》張潮評語說「先君視學山左」，據此可以知道他的父親曾經做過山東學道，當在清初任監察御史，或為進士出身的侍郎、翰林官。

出身名門宦族，這決定了張潮同許多貴族子弟一樣，要走八股舉業的道路。其《心齋聊復集・八股詩自序》中說：「予十有三歲始為八股。」這說明他在十三歲已開始習八股之業。由於他的絕頂聰明，習八股業二年許，即十五歲時，便受到溫陵孫清溪的賞稱，得以補博士弟子員。

「才奔陸海」（石龐〈幽夢影序〉）的張潮當然不會傾全力於僵化程式的八股制藝，在習八股應舉業的同時，他受到家庭環境的薰陶，開始學詩。在〈殷日戒集跋〉中他記述了這一緣起，說：「王寅歲，余年方十三，斤斤治舉子業，不暇旁及詩歌。然時聞殷子與家大人評騭古今詩及諸古文辭，竊欣慕之，因始學為詩。」

旁學雜收、詩賦心腸與代聖人言、忌詞賦氣的八股文不能兩立，大概也正因為張潮的「胸羅星宿，筆花繚繞」（余懷〈幽夢影序〉），「柟榴賦就，錦月投懷；芍藥詞成，繁花作饌」（石龐〈序〉），他在八股舉業的道路上，並沒有取得多大的成功，終其一生，為歲貢資格；仕途上，也僅做過翰林孔目這樣的從九品小官。

在人生道路上，張潮也不順坦，經歷了許多風風雨雨，曾有過不少坎坷。他在〈八股詩自序〉中說：「自乙卯溯於甲辰，積有十二載。……此十二年間，苦辛坎坷，境遇多違，壯志雄心，銷磨殆盡。」乙卯為康熙十四年（一六七五年），甲辰為康熙三年，也就是說，從他十五歲起，到二十六歲，這期間多遭不幸，在他心靈上，產生了很大的震動，使他一度極為消沉。

如果說這些不幸使青少年的張潮心靈蒙受了陰影，那麼，康熙三十八年（一六九九年）五十歲的鋃鐺入獄，更讓近於老年的張潮感受到恥辱，給他以巨大打擊。他在康熙庚辰（一七〇〇年）作〈虞初新志總跋〉中記下了這屈辱不平的一頁：「予不幸，於己卯歲誤墮坑井中，而肺腑中山不以其困也貰之，猶時時相噬嚙。」負義的中山狼令張潮憤怒，在其《虞初新志・劍俠傳》評語中，他再次表現了自己的這種情緒，說：「予嘗遇中山狼，恨今世無劍俠，一往愬之。」

張潮一生，到過不少地方，尤與江蘇如皋、揚州，因緣更深。他在如皋有「別業」，同冒辟疆為鄰；在揚州，度過了許多歲月，並在此完成了他的許多著述。

張潮交遊甚廣，如黃周星、冒辟疆、曹溶、張竹坡、尤侗、顧彩、吳綺、孔尚任、吳嘉紀、杜濬等著名文人，均同他往還；自然科學家梅文鼎也與他友善。《幽夢影》書成，為之作評者甚多，大致估計，約有百數，這足可見出他交遊的廣泛。

張潮的著述，有《心齋聊復集》、《花影詞》、《筆歌》、《幽夢影》等，又編輯評定了《昭代叢書》、《檀几叢書》。

關於《幽夢影》的成書時間與成書方式，據各種資料，大致可以推出。其撰作，經過了一些年頭，是斷續寫成；約在三十歲便已動筆，在四十五歲前，已經完稿。理由如次：

(一)《幽夢影》有題「鬘持老人余懷廣霞製」〈序〉及題「南村張惣識」〈跋〉。按張惣即張南村，字僧持。《虞初新志》收有先著撰〈張南村先生傳〉，載其「歲甲戌，年七十有六」終。甲戌為康熙三十三年（一六九四年），是為其卒年；其生年當在明萬曆四十七年（一六一九年）。而他為《幽夢影》作〈跋〉，必在康熙三十三年之前。余懷字澹心，一字廣霞，又字無懷，別號鬘持老人。據《昭代叢書》甲集收張潮為余懷《硯林》作〈跋〉，可知余懷當在康熙三十五年（一六九六年）卒，其為《幽夢影》撰〈序〉，自然也在此前。余〈序〉張〈跋〉均評及《幽夢影》全書，可見在此時（張潮分別四十五歲、四十七歲），確已殺青。

(二)《幽夢影》每則多有評語，考其評者，如黃周星卒於康熙十九年（一六八〇年）、吳嘉紀卒於康熙二十三年（一六八四年）、曹溶卒於康熙二十四年（一六八五年）。從此又可覘知，約在張潮三十歲時，《幽夢影》當已撰寫了相當部分。

㈢《虞初新志・看花述異記》張潮評語謂：「予嘗謂『以愛花之心愛美人，則領略自饒逸趣；以愛美人之心愛花，則護惜倍有深情。』」此語出《幽夢影》。《虞初新志》初版於康熙二十二年（一六八三年），這也可以證明，張潮三十歲許，的確已撰就了部分。

㈣《幽夢影》有評語說：「此當是先生辛未年（一六九一年）以前語。」「余慕心齋者十年，今戊寅（一六九八年）之冬，始得一面。」這又說明，在康熙三十年辛未，《幽夢影》似乎仍未最後完稿；在康熙三十七年戊寅，《幽夢影》尚在朋友中傳閱，徵求評語。

二、《幽夢影》的思想與內容

張潮的出生，上距晚明大思想家李贄去世四十八年，距著名文學家湯顯祖、馮夢龍去世分別為三十四年、四年；比清初哲學家、思想家黃宗羲小四十歲，比顧炎武小三十七歲，比王夫之小三十一歲，比唐甄、陸隴其小二十歲，比梅文鼎小十七歲，比顏元、熊賜履小十五歲，比閻若璩小十四歲，比萬斯同小十二歲，大李琳九歲；比戲曲家李漁小三十九歲，比洪昇小五歲，比孔尚任小兩歲。生活在這樣的思想文學背景下，張潮在思想上接受晚明進步思潮的影響，受到清初諸大師思想的薰陶，便在情理之中。從《幽夢影》正能見出這種影響的印記。

晚明思想家反程朱理學的禁欲，提出：「穿衣吃飯，即人倫物理；除卻穿衣吃飯，無倫物矣。」（李贄《焚書》卷一〈答鄧石陽〉）又說：「如好貨，如好色，如勤學，如進取，如多買田宅為兒孫謀，博求風水為兒孫福蔭，凡世間一切治生產業等事，皆其所共好而共習，共知而共言者，是真邇言也。」（同上〈答鄧明府〉）對人生正當欲望，做出了充分肯定。而湯顯祖、馮夢龍諸人對情的張揚鼓吹，也蔚然成主情主義思潮。這些，均在當時社會，產生了重大影響。晚明社會重享樂，講美食，嗜茶酒，好女色，蓄聲伎，讀閒書，樂山水，建園林，賞花草等等，便體現了迥異於前代的不同追求，反映了一種新興的社會時尚。這些，在《幽夢影》中，多有所繼承，並有較突出表現。

翻開《幽夢影》，隨處可見山水雲雨、風花雪月、鳥獸蟲魚、香草美人、琴棋書畫、園林建築、讀書著書、談禪交遊、飲酒賞玩等等字眼，所談最多的也是這方面內容，這集中地表現了作者的嗜好追求、觀念心態。例舉幾則，以作說明。

如談聲：「春聽鳥聲，夏聽蟬聲，秋聽蟲聲，冬聽雪聲，白晝聽棋聲，月下聽簫聲，山中聽松風聲，水際聽欸乃聲，方不虛生此耳。」「松下聽琴，月下聽簫，澗邊聽瀑布，山中聽梵唄，覺耳中別有不同。」從自然天籟之聲到人籟之樂，無不在作者欣賞範圍之內，其於聲、樂，可謂能得款竅。

如談酒：「千般易淡，未淡者美酒三杯。」「無酒則已，有則必當飲。」「人莫樂於閒，……閒則能飲酒。」「上元須酌豪友，端午須酌麗友，七夕須酌韻友，中秋須酌淡友，重九須酌逸友。」由此可見作者的好酒及對飲酒的講究，深得其中之趣。

如談山水：「無名山則已，有則必當遊。」「蓋名山勝境，我輩每思褰裳就之。」「昔人欲以十年讀書，十年遊山，十年檢藏。予謂檢藏儘可不必十年，只二三載足矣。若讀書與遊山，雖或相倍蓰，恐亦不足以償所願也。」「善遊山水者，無之而非山水，書史亦山水也，詩酒亦山水也，花月亦山水也。」這些，既表現了作者對山水名勝的眷戀情深，也體現出他不僅重形，更重神趣的思想。

如談花月美人：「美人之勝於花者，解語也；花之勝於美人者，生香也。二者不可得兼，舍生香而取解語者也。」「以愛花之心愛美人，則領略自饒別趣；以愛美人之心愛花，則護惜倍有深情。」「新月恨其易沉，缺月恨其遲上。」「玩月之法，皎潔則宜仰觀，朦朧則宜俯視。」「種花須見其開，待月須見其滿，……美人須見其暢適，方有實際，否則皆為虛設。」凡此，說明作者戀愛花月美人，會欣賞觀玩呵護憐惜，重自然之美，更重人格精神。

作者的嗜欲癖好是相當廣泛的，除上舉幾個方面，其他如談著書、書畫、器玩、弈棋、劍術、園林、詩藝、禪悅、驗方、便面、交友等，從中既能見出作者學問的淵博，更體現了他的愛好之廣及欲望之多。而這，正是晚明社會時尚的延續及嗣響。

但張潮畢竟生活在清初而不在晚明。清初的學術思想，較之晚明，已發生了新的飛躍。表現在：從官方講，推尊程朱，大倡理學，如重刊《性理大全》，編印《朱子全書》、《性理精義》，重用李光地、湯斌等理學名臣。作為統治階級的思想，他同時也統治著社會，對社會具有重要的影響。從學術領域、思想界來說，又有別於官方。顧炎武、黃宗羲、王夫之、閻若璩諸大師既批判晚明心學的空談心性，也不承認程朱理學的獨立尊貴，提出「捨經學無理學」，提倡創新、博證、致用。而天文曆算之學的發達，對澄清迷信主義烟霧，樹立樸素唯物觀念，也發揮了積極作用。而從《幽夢影》中諸多論述看，張潮思想中的主導方面，則是接受了顧、黃、王、閻諸大師的影響。

張潮講過「創新菴不若修古廟，讀生書不若溫舊業」，講過「涉獵雖曰無用」，提倡溫故，反對走馬觀花，但他只是批評讀書的不能領悟神髓，不能得書中精神，並不反對博覽群書。《幽夢影》中談經、史、子、集，談各類書的讀法，可以為證。他既稱賞博學，更注重博證、致用。如他談「誦讀之書籍，不必過求其備；若以供稽考，則不可不求其備」。這便是說，作為考證，要說明一個問題，必須博證，拿出大量證據，這才能求實，得出令人信服的結論。如他談「藏書不難，能看為難；看書不難，能讀為難；讀書不難，能用為難；能用不難，能記為難」。能記是便於能用，唯用才需要多記，才感到記得不夠，所以這番話最終仍落實在「用」字上，學以致用，這是讀書的根本。這裡提出了以致用為追求的讀書原則。又如說「嚴君平以卜講學者也，孫思邈以醫講學者也，諸葛武侯以出師講學者也」，以卜筮、行醫、行軍為講學，更體現了他以致用為目的的思想。

張潮貴博學、博證、致用，也貴創新。如說「發前人未發之論，方是奇書」，這表現了他的著書、品書觀念是以能有驚人之論、人所未發之論、獨標新奇為追求；而他所說的「惠施多方，其書五車；虞卿以窮愁著書。今皆不傳，不知書中果作何語。我不見古人，安得不恨」，以及「不獨誦其詩讀其書，是尚友古人，即觀其字畫，亦是尚友古人處」，又表明了他對古代奇書奇作及其作者的仰慕推賞之情，同樣體現了他對新創的尊崇。

張潮也講理學，講中庸，講倫常。如說：「古謂禽獸亦知人倫，予謂匪獨禽獸也，即草木亦復有之。」這裡對倫常的推尊，是鑑於「綱常倫理，今日幾於掃地」（江含徵評），出於勸世匡時而論。如說：張公藝的九世同居，「當與割股廬墓者一例看」，「不可以為法」，「以其非中庸之道」，這是以其道反治其身，以中庸為批判愚昧的武器。至於說：「立品須發乎宋人之道學，涉世須參以晉代之風流」，對理學肯定，也僅限於它的人格理想，只主張在道德操守上取法其理論。同顧、黃、王諸大師一樣，他並沒有說理學可凌駕於經學之上，而認為出於經學之中。這與統治階級的獨尊程朱是截然有別的。

談為人處世、人格建構，這在《幽夢影》中，顯得也很突出。

如說：「無損於世者則謂之善人」，「有害於世者則謂之惡人」。這是從對他的角度，將人分出兩種人格。

如說：「無善無惡是聖人，善多惡少是賢者，善少惡多是庸人，有惡無善是小人，有善無惡是仙佛。」這是從人的自身修養操行，將人區別為五種人格。

在諸種人格範型中，張潮無例外地推尊聖賢，以之為理想人格典範。如他說：「豪傑易於聖賢。」是說聖賢難得；「聖賢者，天地之替身。」則將聖賢與天地等同，許其為道義的化身，人格的楷模，眾生的表率。

關於為人處世，這是張潮談得最多、最精到，也深為世人喜愛的內容。其中不少議論，都可以作為人生箴言來看。

如說：「律己宜帶秋氣，處世宜帶春氣。」說的是自律須嚴，待人應寬，即嚴己寬人。

如說：「傲骨不可無，傲心不可有。無傲骨則近於鄙夫，有傲心不得為君子。」說的是持身剛正，端方謙恭，既不傲人，也不媚人。

如說：「為濁富不若為清貧，以憂生不若以樂死。」一方面講為人要講道義，見利需思義，不可以利害義；另方面說為人當樂觀，人生需積極，而不可消沉。

如說：「富貴而勞悴，不若安閒之貧賤；貧賤而驕傲，不若謙恭之富貴。」是說做人不要為物所役，活得太累，身心的健康娛悅愜意才是主要的。勞悴是為物役，驕傲也是為物役，只有安閒、謙恭，始終如一，不為貧富所動，才是一種最高境界。

其他，如說：「少年人須學老成之識見，老成人須有少年之襟懷。」「清高固然可嘉，莫流於不識時務。」「不治生產，其後必致累人；專務交遊，其後必致累己。」「寧為小人之所罵，毋為君子之所鄙。」或建議老少互補；或告誡清高不可不識時務；或規勸人不能不治生產、專務交遊；或教導做人的原則與是非標準，對人更好的生存，更好地把握自己的人生，都極富參考借鑑意義。

三、《幽夢影》的藝術特色

《幽夢影》的文體，應歸於語錄體一類。這一體裁的肇端，可追溯到《論語》。但有「語錄」之稱，卻始於禪宗。日本佚名《臨濟抄》釋「語錄」說：「語者，本《論語》之語也；錄者，記也，記錄語言三昧也。」既指出了這一文體的發源，也道出了其內容上警精、睿智的特徵。錢大昕《十駕齋養新錄》卷一八「語錄」條說：「釋子之語錄始於唐，儒家之語錄始於宋，儒其行而釋其言。」揭示了語錄定型於唐代禪宗，及為儒家取用，於宋方熾的事實。江藩〈國朝宋學淵源記〉所說：「禪門有語錄，宋儒亦有語錄；禪門語錄用委巷語，宋儒語錄亦用委巷語。」則道出了語錄體語言上明白易解的特色。

語錄體到明末清初，得到新的發展。一方面，它繼承了唐、宋語錄的形式，語言明快，寥寥數語，說明某種道理，闡發某個見解；另方面，又不同於唐、宋語錄的抽象拘謹，正襟危坐，道學氣十足，而「以風流為道學，寓教化於詼諧」（石龐〈幽夢影序〉），內容更見活潑，語言更顯生動，融進了魏晉清言的某些特徵，從而取得了新變。這一時期，作者甚眾，作品甚多，如屠隆《娑羅館清言》、《續娑羅館清言》，李鼎《偶談》，陳繼儒《小窗幽紀》、《岩栖幽事》，吳從先《小窗自紀》等，均享譽於時，這也是張潮創作《幽夢影》的直接範本。

在藝術上，《幽夢影》頗有特色，舉其大端如下。

其一是富於想像聯想。

如說：「黃九烟先生曰：古今人必有其偶雙，千古而無偶雙者，其惟盤古乎？予謂盤古亦未嘗無偶，但我輩不及見耳。其人為誰？即此劫盡時最後一人是也。」以世界破滅時最後一人對開天闢地的最初一人，稱得上妙對，真虧張潮能夠想出。

如說：「我不知我之生前，當春秋之季，曾一識西施否？當典午之時，曾一看衛玠否？當義熙之世，曾一醉淵明否？當天寶之代，曾一覩太真否？當元豐之朝，曾一晤東坡否？」以佛教轉世之說，逞其奇想，抒發其對古代美人才士的渴慕，也可謂善於想像。

如說：「蠅集人面，蚊嘬人膚，不知以人為何物？」以人之心，度蚊蠅之腹，既匪夷所思，又盡合情理，汪洋恣肆，大膽奇妙，也給讀者留下無盡聯想空間。

如說佛典，稱「日月在須彌山腰」、「地上有阿耨達池，其水四出，流入諸印度」、「地輪之下為水輪，水輪之下為風輪，風輪之下為空輪」，「此皆喻言人身也：須彌山喻人首，日月喻兩目，池水四出喻血脈流通，地輪喻此身，水為便溺，風為洩氣，此下則無物矣」。以人體說佛典，既想像奇特，也幽默詼諧。

如說：「因雪想高士，因花想美人，因酒想俠客，因月想好友，因山水想得意詩文。」由雪、花、酒、月、山水自身的特性及其蘊涵的文化人格內涵，展開聯想，使得聯想與被聯想雙方相互印證激映，很好的表現了主題。

如說：「聞鵝聲如在白門，聞櫓聲如在三吳，聞灘聲如在浙江，聞騾馬項下鈴鐸聲，如在長安道上。」由地方風物及其具有典型意義的某個特徵，聯想到其地，這是正常的心理活動，而將鵝聲、櫓聲、灘聲、騾馬項下鈴鐸聲分別視作白門、三吳、浙江、長安道上的代表性風物，也的確是慧眼獨具。

想像聯想的豐富，使得其文字既顯得空靈，空間廓大，也充分顯示出作者的智慧妙想、才情不凡。

其二是善用比喻。

如說：「花不可以無蝶，山不可以無泉，石不可以無苔，水不可以無藻，喬木不可以無藤蘿，人不可以無癖。」這段文字前五句均為末一句而設，既是起興，也是比喻，有了這諸多的鋪墊，「人不可以無癖」，更顯得無可質疑，不容辯駁。

如說：「鱗蟲中金魚，羽蟲中紫燕，可云物類神仙，正如東方曼倩避世金馬門，人不得而害之。」這則文字包含了兩層比喻：稱金魚、紫燕為「神仙」，用了暗喻；正如東方朔云云，用了明喻。後一層比喻對前一層比喻起到了闡釋說明作用。

如說：「所謂美人者，以花為貌，以鳥為聲，以月為神，以柳為態，以玉為骨，以冰雪為膚，以秋水為姿，以詩詞為心，吾無間然矣。」這則文字用的借喻，而以花、鳥聲、月、柳、玉、冰雪、秋水、詩詞說美人，稱得上新警別致。

比喻的大量運用，巧妙作比，使形象更突出，道理更深刻，同時又給人具體生動之感，大大豐富了文章的表現力。

其三是長於使用排比、對偶，講求語言的整飭，體現了節奏美、勻稱美、聲韻美的統一。排比如：「願在木而為樗，願在草而為耆，願在鳥而為鷗，願在獸而為廌，願在蟲而為蝶，願在魚而為鯤。」「賞花宜對佳人，醉月宜對韻人，映雪宜對高人。」排比句的運用，加強了語勢，使敘述顯得一氣貫注，給讀者的印象是比較強烈的。對偶如：「莊周夢為蝴蝶，莊周之幸也；蝴蝶夢為莊周，蝴蝶之不幸也。」「目不能識字，其悶尤過於盲；手不能執管，其苦更甚於啞。」「著得一部好書，便是千秋大業；注得一部古書，允為萬世宏功。」「當為花中之萱草，毋為鳥中之杜鵑。」對偶雙句，或並說，或反說，形式上整齊對稱，音節上諧調勻稱，內容上相互映襯，從而加強了語言表達上感人的效果。

《幽夢影》的藝術技巧與修辭手法堪稱豐富多彩，讀之有行山陰道上，美不勝收、目不暇接之感。認真咀嚼，仔細揣味，不難有會心處，相信讀者朋友會有同樣感覺。

最後談一下《幽夢影》的版本及我們的整理工作。

《幽夢影》分一卷本、兩卷本兩種。一卷本有《昭代叢書》本、《晨風閣叢書》本、《國學珍本文庫》本；兩卷本有《嘯園叢書》本、《翠琅玕館叢書》（馮兆年輯）本、《翠琅玕館叢書》（黃任恆輯）本、《古今說部叢書》本、《藝術叢書》本、《芋園叢書》本。一卷本與兩卷本雖存在分卷和不分卷的區別，在正文內容上，並沒有歧異。

我們在整理中，以《昭代叢書》本做底本，此本刊刻甚精，偶有訛誤，則據其他本加以更正。

限於水平，不免有謬誤不當處，熱誠希望得到讀者的匡正。

馮保善

一九九七年十月

一

讀經❶宜冬，其神專也；讀史❷宜夏，其時久也；讀諸子❸宜秋，其致別也；讀諸集❹宜春，其機暢也。

【注釋】❶經　被奉為經典的著作。儒家「十三經」包括《易》、《詩》、《書》、《周禮》、《儀禮》、《禮記》、《左傳》、《公羊傳》、《穀梁傳》、《孝經》、《論語》、《爾雅》、《孟子》十三部著作。❷史　指記載歷朝史事的史部類書籍。❸諸子　原指先秦時期各家學派，《漢書・藝文志》列舉諸子十家，有儒、道、陰陽、法、名、墨、縱橫、雜、農、小說諸家。這裡指儒家經部以外的各家著述。❹集　指古代圖書目錄分類的經、史、子、集四部中的集部類著作。

【語譯】讀經書適宜在冬季，人的精神能夠專一集中。讀史書適宜在夏季，夏季日長，時間充裕。讀諸子適宜在秋天，秋高氣爽，人的思維韻致比較特殊。讀集部著作適宜在春天，春日生機盎然，欣欣向榮。

【賞析】這則文字專談讀書。書有不同的內容、體例、筆法，如經書闡玄機，明義理，微言大義，皮裡陽秋；史書或紀傳，或國別，或編年，或紀事本末，還有通史、斷代之分，卷帙既多，人事亦繁；諸子百家各逞己說，辯難議論，門派不同，思想互異，寫法上也各有特色；集部作品詩詞文賦的創作，抒情言志，各見襟懷與性靈情致。

經書使人悟正道，明大理，立心志，正性情；史書讓人觀治亂，明善惡，辨忠奸，知得失；諸子之書百家爭鳴，從中可以增長見識，擴大視野，開闊心胸，澡雪精神；而詩詞文賦，更能引起人們情感上的共鳴，陶冶性情，獲得美的享受。

因書的不同，又有不同的閱讀方法。方法選擇得當，可以有事半功倍的功效。這裡所談主要是讀書時機的選擇。

作者認為，經書簡奧深邃，須心平氣靜，仔細尋味，而冬季天寒，不思起動，則人的精力容易集中，故此種季節是讀經書的最佳時機。史書紀事，人事繁複，其治亂興衰、是非得失，須前後觀照，通盤把握，才能正確認識，這需要有充裕的時間系統閱讀，夏季長日漫漫，正得其時。諸子百家各陳己說，風格不同，思想迥別，需有海納百川的胸襟、塵滓不染的心境，才能權衡其得失，吸收其優長，秋季天高氣爽，雲淡風輕，「秋水文章不染塵」，人處其間思緒明淨，顯然是閱讀諸子的合適時機。詩詞文賦是文學創作，「精騖八極，心游萬仞」，閱讀時非調動豐富的感情與想像便不能進入其情境中，也不能與作品產生共鳴，從而也無法把握作者思想情感的脈搏。春季萬木復甦，生機勃勃，是人的情感最為充盈豐富的季節，這對閱讀集部詩詞文賦類作品，理應是最佳時機。

張潮的這些看法，是他多年讀書經驗的總結，自有其合理正確的方面。但方法又因人而異，因時而異，且不論古今發展，閱讀條件已發生飛變，即如情緒、心態，也因人不同的遭際經歷而有別。所以在肯定其合理性的同時，又切忌膠著固執，否則便不免削足適履之譏。

二

經傳❶宜獨坐讀，史鑑❷宜與友共讀。

【注　釋】❶經傳　儒家典籍經與傳的統稱。經，有五經、十二經、十三經等名目；傳，解釋經義的文字，如《春秋》有《左傳》，《詩經》有《毛傳》。❷史鑑　原指以史為鑑。舊史家以此為出發點，纂輯史書，為當政者提供借鑑，如宋司馬光《資治通鑑》、朱熹《通鑑綱目》等。

【語　譯】經和傳適宜在一人獨坐時閱讀；史鑑之類，則宜於和朋友共同閱讀。

【賞　析】這兩句談的仍是讀書方法。上則所談是讀書時機的選擇，這一則卻專說讀書方式。所謂「經傳宜獨坐讀」，有兩方面含義：一、經書簡奧，須靜坐涵詠，仔細咀嚼，方能領悟其精微博大的神髓；二、讀經書的主要目的之一，在於領悟聖人大道，提高自己的道德修養，首先是自我本身的事。而「史鑑宜與友共讀」，也可以從兩方面來理解：一、史鑑載歷朝史事，其中人有各色，事有多樣，千姿百態，形形色色，而一人的閱歷有限，集各人不同的閱歷體會，相互切磋，相互琢磨，既可以避免囿於個人閱歷識見而導致只見樹木不見森林，以偏概全，又能加深對歷史的全面認識，進而正確評價歷史得失；二、共讀可以相互切磋，商量辯難，互相發明，更主要的在於以史為鑑，觀照自身與友人，進德修業，共同提高。不論仕與隱，為政抑或治學，都既需要慎獨的功夫，又離不開「直、諒、多聞」良朋匡我不逮。從歷史的殷鑑中吸取教誨、前車之鑑，才能走好人生的每一步。作者的這一議論，是過來人經驗之談，誠如孫愷似所評：深得此中真趣。

三

無善無惡是聖人 如「帝力何有於我」❶、「殺之而不怨，利之而不庸」❷、「以直報怨，以德報德」❸、「一介不與，一介不取」❹之類，**善多惡少是賢者** 如顏子不貳過，有不善未嘗不知❺，子路人告有過則喜之類❻，**善少惡多是庸人，有惡無善是小人** 其偶為善處亦必有所為，**有善無惡是仙佛** 其所謂善，亦非吾儒之所謂善也。

【注釋】❶帝力句　語出古歌「吾日出而作，日入而息。鑿井而飲，耕田而食。帝力何有於我哉？」見《群書治要》卷十一引《帝王世紀》。謂帝王的權力對我不能產生任何作用。❷殺之而不怨二句　語出《孟子・盡心上》：「殺之而不怨，利之而不庸，民日遷善而不知為之者。」意謂：(百姓)被殺也不怨恨，得到好處也不認為應該酬謝。庸，酬功。❸以直報怨二句　語出《論語・憲問》：「子曰：何以報德？以直報怨，以德報德。」意謂：拿公平正直來回報怨恨，拿恩惠來酬答恩惠。❹一介不與二句　語出《孟子・萬章上》：「非其義也，非其道也，一介不以與人，一介不以取諸人。」謂不合道義，一點也不給予別人，一點也不從別人處索取。❺顏子句　語出《論語・雍也》：「孔子對曰：有顏回者好學，不遷怒，不貳過。」謂顏回不犯同樣的錯誤。子，古代對男子的尊稱。❻子路句　語出《孟子・公孫丑上》：「孟子曰：子路，人告之以有過，則喜。」謂子路在別人指出他犯的錯誤時非常高興。

【語　譯】沒有善也沒有惡的人是聖人（如古歌所說的帝王的權力對我有什麼作用呢；《孟子》所說的被殺而不怨恨，得到好處也不認為應該酬謝；《論語》所說的以公平正直回報怨恨，拿恩惠來酬答恩惠；《孟子》所說的一點不給別人，一點不從別人那裡索取這一類），善多惡少的人是賢人（如顏回不犯同樣的錯誤，有不善沒有不知道的；子路在別人指出他犯的錯誤時，就非常高興這一類），善少惡多的人是平常人，只有惡沒有善的人是小人（小人偶爾有善行的話，也一定有所圖謀），只有善沒有惡的人是仙佛（仙佛所說的善，也不是我們儒家所說的善）。

【賞　析】在傳統文化中，人格的探討，是一個十分重要的課題。古人看重為人人格，有關這一問題的論述或分析很多。這則文字所說，即屬於這一內容範疇。

作者將人分五等，即：聖人、賢者、庸人、小人、仙佛。前四者分類歸屬，用的是儒家標準。所謂「無善無惡是聖人」是說聖人已達到無善無惡的境界。而「聖人」的無善無惡究竟何所指，作者通過小字夾注，作了進一步解釋。此即不畏強權，不計個人得失、恩怨，信守道義，雖死不悔，這是一種超凡脫俗、超出凡我的境界，或說「聖人無名」，與此意近。既超出自我，成為道德的化身，個人的一切，也不在念中。而善、惡這對用以衡量俗世行為的名詞，對他們也不復具有存在的價值，此無善無惡是也。

相比較，作者對賢者、庸人、小人的界說容易理解。賢者在紅塵眾生中，出類拔萃，能夠如顏回那樣經常自省，不犯同樣的錯誤，做了錯事，馬上可以自察；如子路，別人指出他的錯誤，他不會惱羞成怒，而是「則喜」。正因此，他們才能善多惡少，儘量避免錯誤。但由於他們畢竟尚未超凡入聖，所以又難免有做錯的事、說錯的話。孔子說：「聖人吾不得而見之矣；得見君子者，斯可矣。」說到底，無善無惡的聖人只是一種不可企及的理想範型，在俗世恐怕也終難見到；而善多惡少的賢者、君子，顯然是切實而可以效法的榜樣，是可以追求有望達到的理想人格。

在現實社會中，「善少惡多」的「庸人」是其主流，「有惡無善」的「小人」僅屬個別。庸人不可能無錯，甚至可能多次重複同樣的錯誤，原因在不能自省，又不准許別人指出其不足。但一般說來，此類人本性良善，與專意害人生事，無惡不作的小人具有本質不同。小人也可能做「善事」，但他奉行「人不為己，天誅地滅」的信條，其所為善，不是良心發現，而是別具用心，是有所圖謀。

以上四者，內涵固有懸殊，但立論的宗旨在於現世，目的在為現實社會人生提供借鑑，是入世而非出世。仙佛與之相反，他所追求的是出世：或為成仙，或為證佛，理想的境界都在現實的彼岸。仙佛講善惡，講報應，有善無惡才能成仙為佛。要做聖人，首先需要忘我，為人而不為己；要成仙佛則先需有「我」，為「我」成仙做佛而行善以為人。成仙做佛後擺脫生死輪迴，享受彼岸快樂，有諸多好處；成了聖人則捨己為人，一心為他。這是仙佛與聖人的根本不同。故衡量聖人不用善惡，而判別仙佛則不能稍離善惡。

四

天下有一人知己，可以不恨。不獨人也，物亦有之。如菊以淵明為知己❶，梅以和靖為知己❷，竹以子猷為知己❸，蓮以濂溪為知己❹，桃以避秦人為知己❺，杏以董奉為知己❻，石以米顛為知己❼，荔枝以太真為知己❽，茶以盧仝、陸羽為知己❾，香草以靈均為知己❿，蓴鱸以季鷹為知己⓫，蕉以懷素為知己⓬，瓜以邵平為知己⓭，雞以處宗為知己⓮，鵝以右軍為知己⓯，鼓以禰衡為知己⓰，琵琶以明妃為知己⓱。一與之訂，千秋不移。若松之於秦始⓲，鶴之於衛懿⓳，正所謂不可與作緣者也。

【注釋】❶菊以淵明句　陶淵明，東晉詩人。一名潛，字元亮，私諡靖節。潯陽柴桑（今江西九江）人。由彭澤令歸隱。其〈飲酒二十首〉之五有「採菊東籬下，悠然見南山」，抒寫了他歸隱田園的自得情趣。❷梅以和靖句　林逋，北宋詩人，字君復。錢塘（今浙江杭州）人。隱居西湖孤山，賞梅養鶴，終身不娶、不宦，人稱他「梅妻鶴子」。卒諡和靖先生。❸竹以子猷句　《世說新語・任誕》載：「王子猷嘗暫寄人空宅住，便令種竹。或問：暫住何煩爾？王嘯詠良久，直指竹曰：何可一日無此君！」語本此。王徽之，字子猷，王羲之之子，東晉琅琊臨沂（今屬山東）人。❹蓮以濂溪句　周敦頤，北宋學者，字茂叔，道州營道人，因築室廬山下蓮花峰小溪上，取營道故居濂溪名之，後人遂稱其濂溪先生。著作有《太極圖說》等。其散文〈愛蓮說〉，為傳世名篇。❺桃以避秦人句　語本陶淵明〈桃花源記〉。文中說武陵捕魚人見世外桃源，此中人自云其「先世避秦時亂」來此。❻杏以董奉句　董奉，三國吳名醫，字君異。他為人治病不取酬，癒者惟令其植杏。數年得十餘萬株。杏結實則換回穀子來濟貧。❼石以米顛句　米芾，宋代書法家，字元章，以行為怪僻，人稱米顛。喜藏金石古玩，尤嗜奇石。❽荔枝以太真句　楊太真，小字玉環，唐玄宗寵妃。天寶四載（西元七四五年）封貴妃。《新唐書・楊貴妃傳》載：「妃嗜荔枝，必欲生致之，乃置騎傳送，走數千里，味未變，已至京師。」杜牧〈過華清宮絕句〉之一說：「一騎紅塵妃子笑，無人知是荔枝來。」正詠此事。❾茶以盧仝句　盧仝，唐代詩人，自號玉川子，范陽（今河北涿州）人，一說濟源（今屬河南）人，作有〈茶歌〉。陸羽，唐代詩人，字鴻漸，一名疾，字季疵，號竟陵子、桑苧翁、東崗子，復州竟陵（今湖北天門）人。所著《茶經》三卷，為世界上首部論茶專著。❿香草以靈均句　屈原，戰國時期楚國詩人，名平，字原，自稱名正則，字靈均。作有〈離騷〉、〈九歌〉、〈九章〉。王逸《楚辭章句・離騷序》說「善鳥香草，以配忠貞」為其引類比喻的重要手法。⓫蓴鱸以季鷹句　晉張翰，字季鷹。齊王司馬冏召為大司馬東曹掾，以政局混亂，為避禍全身，託辭每見秋風起便想起故鄉的菰菜、蓴羹及鱸魚膾，辭官歸隱。⓬蕉以懷素句　懷素，唐代僧人，書法家，玄奘弟子，字藏真，俗姓錢，長沙人。相傳他種有萬餘株芭蕉，用蕉葉代紙寫字。⓭瓜以邵平句　邵平，即召平，秦廣陵人。封東陵侯。秦亡，以家貧種瓜於長安城東，瓜甜美碩大，俗稱東陵瓜。⓮雞以處宗句　宋處宗，晉沛國人，名宗，官兗州刺史，傳說他有一隻長鳴雞，常籠養窗間，後雞能作人語，談論富智慧，且終日不輟。事見《幽明錄》。⓯鵝以右軍句　王羲之，晉琅琊臨沂人，居會稽山陰。字逸少。官至右軍將軍、會稽內史，習稱王右軍。其書法為世人所重。性喜鵝，據載他為山陰道士書寫《道德經》，討其鵝以為潤筆。⓰鼓以禰衡句　禰衡，東漢平原般人，字正平。有才辯，氣剛傲物。曹操召他為鼓吏，欲辱之，反為其所辱。《世說新語・言語》載其「揚枹為〈漁陽〉摻撾，淵淵有金石聲，四坐為之改容」。⑰琵琶以明妃句　王嬙，字昭君，漢元帝時入宮。竟寧元年（西元前三三年）請嫁匈奴。晉時避司馬昭諱，稱明君或明妃。據載其出塞時，戎服乘馬，手抱琵琶。⑱松之於秦始　《史記・秦始皇本紀》載：始皇登泰山返，遇暴風雨，避於松下，因封其為五大夫，後以此作為松的別名。⑲鶴之於衛懿　《左傳・閔公二年》載：衛懿公好鶴，他所養的鶴享有大夫的俸祿與車乘。

【語　譯】世上能有一個知己，便可以不再遺憾。不僅人是這樣，物也是如此。譬如菊花把陶淵明作為知己，梅把林逋作為知己，竹把王徽之作為知己，蓮花把周敦頤作為知己，桃花把世外避秦人作為知己，杏把董奉作為知己，奇石把米芾作為知己，荔枝把楊貴妃作為知己，茶把盧仝、陸羽作為知己，香草把屈原作為知己，蓴、鱸把張翰作為知己，芭蕉把懷素作為知己，瓜把召平作為知己，雞把宋處宗作為知己，鵝把王羲之作為知己，鼓把禰衡作為知己，琵琶把王昭君作為知己。他們之間，一旦相互訂交，千秋萬代不會變移。像松與秦始皇、鶴與衛懿公，則是所說的不能夠相交者。

【賞　析】古人講「學而優則仕」，又講「學成文武藝，貨與帝王家」，這體現出當時人們所具有的人生價值觀。在他們看來，人生在世，應當是滿腹經綸，飽讀詩書，能夠為世所重、所用，出將入相，致君堯舜，顯親揚名，方不愧怍。但由於舊的用人制度有諸多弊端，加之僧多粥少，能夠如願以償的自然寥寥，於是感時不遇，慨嘆知音難覓，便成了古代文學創作中習見的主題。這則文字所說，同樣不外這一內容範疇。作者感慨知音難遇，所以對知音之遇，寄予了熱忱的渴望；而對菊、梅、竹、蓮、桃等能有知音，也予以高度評賞，讚其「一與之訂，千秋不移」。

只是在張潮看來，僅僅為人賞重，還不算作知己，否則，他便不會說「松之於秦始，鶴之於衛懿，正所謂不可與作緣者也」了。秦始皇封松為五大夫，衛懿公給鶴以大夫的俸祿車乘，松與鶴所享禮遇，可謂不菲，但賞非其所應賞，得非其所應得，同樣是對它們的無知，且有辱其本性。因此，重其當重，識人善用，這便是張潮認為的「知己」所應具有的第二層內涵。符合這兩層標準，如菊、杏、茶、荔枝等為人食，香草為人佩，蕉葉、琵琶為人用，各得其所，雖然受損或不復完好，正所謂「士為知己者死」，死而無憾。

在表現手法上，這則文字也有值得稱道處。欲說知己難見，知音難覓，卻不從正面申說，而以物為譬。正如張竹坡評道：「人中無知己，而下求於物，是物幸而人不幸矣。」物尚能有其知己而人卻不能，此更顯出人無知己的悲哀。相比正面論說，愈見分量。

五

為月憂雲，為書憂蠹❶，為花憂風雨，為才子佳人憂命薄，真是菩薩❷心腸。

【注釋】❶蠹　即蠹魚，一種蛀蝕衣服、書籍的蟲子。❷菩薩　「菩提薩埵」的簡稱。梵文音譯。意譯是「覺有情」、「道眾生」、「道心眾生」，意謂修持大乘六度，求無上菩提，利益眾生，於未來成就佛果的修行者。佛典上常提的菩薩有彌勒、文殊、普賢、觀世音、大勢至等。

【語　譯】替月亮擔憂被雲遮擋，替書擔憂被蠹魚蛀蝕，替花擔憂被風雨摧殘，替才子佳人擔憂命乖運蹇，真是大慈大悲的菩薩心腸。

【賞　析】月能不為雲遮，圓而不缺；書能不被蟲蛀，久而彌新；花能不遭風雨摧殘，四季芳香；才子能夠施展雄才，佳人能夠富貴尊榮，這些當然是圓滿而令人愜意的。但正如蘇軾〈水調歌頭·明月幾時有〉詞中所說：「人有悲歡離合，月有陰晴圓缺，此事古難全。」雖然這些「菩薩心腸」是善良的，卻又不免如尤侗所批評的：「杞人憂天，嫠婦憂國，無乃類是。」

月盈則虧，此是自然規律，無法抗拒，自不待言；水不滿則必不溢，善於躬身自省，不斷總結經驗教訓，可以避免挫折，多些圓滿，卻是能夠做到的事。舉凡人間缺憾種種，多由人為所致，從這一角度講，倘若人人都能有點「菩薩心腸」，又能「一日三省吾身」，則消除人間仇視，實現人間天國，便指日可待了。

六

花不可以無蝶，山不可以無泉，石不可以無苔，水不可以無藻，喬木不可以無藤蘿，人不可以無癖❶。

【注釋】❶癖　久成習慣的嗜好。

【語譯】鮮花不能夠沒有蝴蝶戲舞，青山不能夠沒有泉水穿流，石上不能夠沒有青苔點綴，水面不能夠沒有水草裝飾，大樹不能夠沒有藤蘿攀附，人不能夠沒有自己的嗜好。

【賞析】這則文字共六句，前五句是賓，第六句是主，前五句均為突出第六句而設，第六句為中心所在。花與蝶、山與泉、石與苔、水與藻、喬木與藤蘿，恰是天工巧設，點綴生輝，缺了這種綴合，便單調孤獨而缺少詩意。張潮認為人與此同，倘若無癖，也便會如花無蝶、山無泉、石無苔、水無藻、喬木無藤蘿那樣，既乏趣味，又缺生機。

對癖的崇尚，不獨張潮，這其實是自晚明以來便蔚然成風的一種社會風尚。宋元以來，程朱理學獨尊，強調存天理，滅人欲，否定個性存在，造成了萬馬齊喑的社會氛圍。明代中晚期，隨著資本主義的萌發，王陽明心學出現，風靡天下，動搖了程朱理學的統治地位。而王陽明傳人王艮等形成的泰州學派，發展王學中積極因素，更產生了廣泛影響。其中李卓吾又最具叛逆性。由於一批進步思想家的鼓吹，尚情崇真，歌頌痴、癖、顛、狂等人格，在社會上幾乎成一種風尚。如張岱所說：「人無癖不可與交，以其無深情也。」馮夢龍《古今譚概》專闢「痴絕部」，田藝蘅〈別花人〉專述自己的花癖等。顯然，張潮對「癖」的推崇，也正是對此思想的繼承。痴、癖、顛、狂以個性鮮明為特質，這對撥程朱理學之亂而返自然人性之正，當然具有積極意義，但同時它又有著強烈的時代特徵。若生活於今日尊重人格、個性已得到充分發展的時代，再去學習痴、癖、顛、狂，便不免如唐吉訶德般滑稽而讓人唾棄了。

七

春聽鳥聲，夏聽蟬聲，秋聽蟲聲，冬聽雪聲，白晝聽棋聲，月下聽簫聲，山中聽松風聲，水際聽欸乃❶聲，方不虛生此耳。若惡少❷斥辱，悍妻詬誶❸，真不若耳聾也。

【注釋】❶欸乃　行船搖櫓聲。❷惡少　無賴少年。❸悍妻詬誶　悍妻，蠻橫不講道理的妻子。詬誶，辱罵埋怨。

【語譯】春天聽鳥鳴，夏天聽蟬唱，秋天聽蟲聲唧唧，冬天聽雪落偎偎，白日聽棋子落枰，月下聽簫聲悠悠，山中聽松林風嘯，水邊聽欸乃搖櫓聲，這才算不白長這對耳朵。假如聽到的是無賴少年的斥罵、蠻不講理妻室的辱罵埋怨，真不如耳聾不聞。

【賞析】事物都是相對存在的，如善與惡、美與醜、香與臭、少與多、成與敗等等，有了相對立的另一方，也才有與它相反的此一方。截然對立的雙方存在，便有了對比映襯，這在文藝創作中也是普遍運用的手法。這則文字同樣也運用了這種技巧。鳥聲、蟬聲、蟲聲、雪聲、棋聲、簫聲、松聲、船櫓聲，放置在特定的時間、空間去感受，的確有著詩意的美，能引發人的遐想，給人以美的享受；而遭惡少斥罵，被悍妻糾纏，卻與此恰恰相反，讓人羞憤、沮喪、煩惱、厭惡。作者將造成兩種截然對立感受的同一物——聲音放在一起，以對比造成的巨大反差相映襯，其藝術效果是相當突出的。

八

上元❶須酌豪友，端午❷須酌麗友，七夕❸須酌韻友，中秋❹須酌淡友，重九❺須酌逸友。

【注　釋】❶上元　漢族傳統以農曆正月十五為上元節。❷端午　又稱端五、重午、端陽、蒲節、解粽節等。時在農曆五月初五。為漢族傳統節日。❸七夕　又稱乞巧節、女節、少女節、小兒節、雙七節、香橋會、巧節會。時在農曆七月初七夜。漢族傳統節日。❹中秋　又稱仲秋節、秋節、團圓節、八月節等。時在農曆八月十五日。漢族傳統節日。❺重九　又稱重陽節、登高節、重九節、茱萸節等。時在農曆九月初九日。漢族傳統節日。

【語　譯】上元節要與豪放的朋友共飲，端午節要與漂亮美麗的朋友共飲，七夕節要與風雅的朋友共飲，中秋節要與淡泊的朋友共飲，重九節要與隱居的朋友共飲。

【賞　析】中國的傳統節日都有著豐富的文化蘊涵，於是，不同的節日給人的感受也自不同。這正是張潮這則文字立意的出發點。

上元節是新春伊始，標識著新的一年已經開始。是日食元宵，放爆竹，寓意著新年裡紅紅火火，光明燦爛。舊的一年已經過去，無論得意失意，都已成為歷史，寄希望於未來，以昂然的意緒迎接新的挑戰，爭取新年有個欣喜的收穫，這是人們普遍的心態。所謂「上元節須酌豪友」，無非是指從朋友的豪放性格中得到感染，汲取力量。

端午節或說遠起於三代的蘭浴，或說起於春秋戰國時期介之推被燒而死，或說為紀念屈原投江，或說為紀念伍子胥，或說為紀念曹娥，種種不一。而在諸多說法中，又以紀念因政治喪身者為主流。既然宦海叵測，在張潮看來，倒不如對佳人飲美酒、沉湎於生活享樂中更覺愜意，這就是所謂的「端午節須酌麗友」的內涵。

七夕節是牛郎織女天河相會的日子，充滿了浪漫色彩，此際與風雅的友人共飲，詩歌唱和，當然是最佳的時機，故張潮說「七夕須酌韻友」。

中秋夜月圓而亮，民間闔家團聚，取意圓滿。此際對淡泊之友共飲，無論是異鄉為客，還是仕途失意，都不必介意，放懷暢飲，樂在其中，「中秋須酌淡友」，其意在此。

九月初九重陽節，人們登高、野宴，佩茱萸，飲菊花酒，以求免禍呈祥。此日多野遊、賞菊、放風箏等，在大自然中度過愉快的節日。張潮由此聯想及歸隱山林的逸者。此等人不汲汲於功名，遠禍全身，亦多快樂。「重九須酌逸友」，這天在人們都奔逐嬉戲於大自然中時，與一二逸者對飲，學點隱者的境界，對過於熱中功名的人，未嘗不是一劑清涼散。

九

鱗蟲❶中金魚，羽蟲❷中紫燕，可云物類神仙，正如東方曼倩避世金馬門❸，人不得而害之。

【注釋】❶鱗蟲　魚及爬蟲類動物。❷羽蟲　鳥類或帶翅的小蟲。❸東方曼倩句　語本《史記・滑稽列傳》東方朔歌：「陸沉於俗，避世金馬門。」東方朔，西漢人。字曼倩。武帝時為太中大夫。以詼諧滑稽著名。為武帝寵臣。金馬門，官署之門，以門旁有銅馬，故稱。後遂作為官署的代稱。

【語譯】鱗蟲類中的金魚，羽蟲類中的紫燕，可以說是動物類中的神仙。正像東方朔避世在風波叵測的宦海，人卻不能加害於他。

【賞析】這則文字有幾點稱奇處：神仙由人修成，而稱物類神仙，此其一奇；鱗、羽類動物不可勝數，不言其他，只說金魚、紫燕為神仙，此其二奇；而將金魚、紫燕比類東方朔，此其三奇。

既然只稱金魚、紫燕為物類神仙，又將牠與東方朔作比，金魚、紫燕與神仙，與東方朔，總有牠可比的共性，明白了此，自能見出作者比喻的巧設。

這種共性究竟何在？卻要從金魚、紫燕的特性說起。金魚，鯽魚的變種，多呈金紅色，色勝味苦，多作觀賞而不宜食用。紫燕，又稱越燕，小而多聲，頷下紫，巢居於人家室內，民間以為吉祥之鳥，稱之益蟲，認為燕子進家乃是吉兆，故不殺燕子。金魚與紫燕或供觀賞，或築巢室內，與人朝夕共處，能不像其他動物被人宰殺，而得全其身，這與東方朔處朝廷之上、宦海之中可以無虞，確實近同；而避禍全身，能夠保其身首不分，不遇殺身橫禍，又有點神仙不死的逍遙。這樣，其比類的新鮮、生動、妙趣，便顯而易見了。

一〇

入世須學東方曼倩，出世須學佛印了元❶。

【注釋】❶佛印了元　北宋高僧。字覺老，俗姓林，饒州人。曾住持廬山歸宗寺、鎮江金山寺、江西大仰寺等。

【語譯】入世應當學習東方曼倩，出世應當學習佛印了元。

【賞析】這兩句話極其精闢的涵括了作者幾十年的人生感悟，道出了他的涉世經驗。

俗語說伴君如伴虎，一言不妥，會招致殺身之禍，這為古來大量事實所證明。又說宦海不測，時刻有翻船之虞，這在古時官場，也有許多例子可以說明。而如東方朔者，官為太中大夫，「常在側侍中」，為武帝「數召至前談語，人主未嘗不說」，至老死為帝王寵愛，的確鮮見。所以如此，在於東方朔身雖出仕，心卻以「朝廷間」為避世場所，他所說的「陸沉於俗，避世金馬門，宮殿中可以避世全身，何必深山之中，蒿蘆之下」，正是此意。有了這種思想，他才會有諸多「狂」舉，有諸多詼諧滑稽。他雖也規勸君王，卻又並不太過執著。如此，他既不會「觸犯龍鱗」，也便沒有殺身之禍。張潮所說的「入世須學東方曼倩」，正是有鑑於古代社會現實，替為官者說出的座右銘言。以上是就入世者言。

所謂「出世須學佛印了元」，則對出世逃禪者而論。了元十五歲出家，十九歲往廬山參見開先善暹，其出家「凡四十年間，德化緇素，縉紳之賢者多與之游」（《佛祖歷代通載》卷十九）。而了元與蘇軾兄弟的交往過從，相互「以詩頌為禪悅之樂」，更在文壇傳為佳話。也許在張潮看來，人可以逃禪佛門，可以出世為僧，但出世又須入世，這既與生命的意義不悖，又合乎佛家度人救世的大道。

一一

賞花宜對佳人，醉月宜對韻人，映雪宜對高人。

【語譯】觀賞花卉應有美人作伴，對月暢飲應有雅士助興，把玩雪景應有超俗隱者為伴。

【賞析】從美學欣賞的角度言，被欣賞的對象首先必須具有美感，才能完成欣賞美的過程。就這則文字來說，欣賞之物——花、月、雪無疑是具有美感的景觀，古往今來，有不少文人騷客留下了觀賞把玩後的絕妙好詞，為人稱道。問題在另一方面，張潮所說的並非獨自欣賞，而是與人共觀。既然在被欣賞物之外，要再增添一項內容，這項內容能否與被欣賞物和諧，便不能不作講究。所謂美在和諧，一旦在被欣賞者的視野中出現煞風景的情事，面對的花、月、雪再具許多美的內涵，也無法激起審美的熱情；而審美，便也終將無以實現。「花即佳人，月即韻人，雪即高人」（余淡心評），佳人、韻人、高人的出現，則不僅與花、月、雪和諧，更相互映襯，使審美景觀由靜變動，平添了審美的趣味。由此而觀，張潮對美的欣賞，是頗為當行的。

一二

對淵博友，如讀異書；對風雅友，如讀名人詩文；對謹飭友，如讀聖賢經傳；對滑稽友，如閱傳奇小說。

【語　譯】同學問淵博的朋友在一起，就像在讀卓特不凡的奇書；同風流儒雅的朋友在一起，就像在讀名人詩文創作；同端方嚴謹的朋友在一起，就像在讀聖人賢哲所作的經典著作；同詼諧多趣的朋友在一起，就像在讀傳奇小說。

【賞　析】每個人的一生都是一部豐富、具體、生動的書，相比較，寫成文字的書訴諸語言，多有局限，常有言不盡意，文字無法窮盡的缺憾；而由人生寫成的「無字書」則由人一生中每一言每一行構成，巨細無遺，既博大又真實。所以說與人交往，便是在讀一本具體可感的書；與多人交往，便是在讀多部各具內容的書。

大千世界，芸芸眾生，形形色色，千姿百態，「人各有其性情，各有其聲口」，不同性格、品味的人，其所言所行迥然相異。淵博者見多識廣，熟於掌故，天南海北，古今中外，鮮有不知，說一知百，問一答十，與此等人交往，自然與讀一部無所不包的奇書無異。風流儒雅者富於才情，一舉一動，便是一篇情志不凡的奇詩妙文，與此等人交往，便是欣賞一篇篇詩文名作。聖經賢傳講人生，談大道，教人以規範，而品行端方、為人嚴謹者當然具有典型示範意義，與此等人交往，其言傳身教，以身說法，也更具有感染力。詼諧多趣者言多趣談，行多詭異，與此等人交往，讓人捧腹，引人發笑，這又與旨在娛人的傳奇小說庶幾相近。

善學者無所不能學，善讀者處處有書在，自然、人生，這本身就是一部讀之不盡的大書，其中既有書本上有的內容，又有為書本上所無的東西，勤學善學的朋友勉之。

一三

楷書須如文人，草書須如名將，行書介乎二者之間，如羊叔子緩帶輕裘❶，正是佳處。

【注 釋】❶羊叔子句 晉人羊祜，字叔子。封鉅平侯，都督荊州諸軍事，長達十年。在任開屯田，儲軍備，籌劃滅吳。素日輕裘緩帶，身不披甲，與吳將陸抗互通使節，綏懷遠近，以收江漢及吳人之心。事見《晉書》本傳。

【語 譯】楷書要寫得像文人那樣，草書要寫得像名將那樣，行書則介於兩者之間，就像晉代羊叔子那樣，緩帶輕裘，最為佳妙。

【賞 析】書法藝術是中國傳統文化中具有悠久歷史又取得最輝煌成就的藝術門類之一。其體分真、草、隸、篆、行諸種，在各種字體間，既相互借鑑，相互影響，風格上又存在質的不同。對此，古代眾多的書法論著給予了總結探討。張潮這則文字，則專談楷、草、行風格上的區別與關係。

楷書即真書，又稱正書，以形體方正，可作楷模，故稱。孫過庭《書譜》中說：「真以點畫為形質，使轉為情性。」說的是楷書書寫，既要端莊凝重，又要圓潤俐落，沉靜有致，方為得法。所謂「楷書須如文人」，正取意於此。

草書又有章草、獨草、連綿草諸多稱法。其產生，在於流便省簡。宋高宗《翰墨志》中說：「草書之法昔人用以趣急速而務簡易，刪難省煩，損復為草。」正道出了這一特點。孫過庭《書譜》中說：「草貴流而暢。」又說：「草以點畫為情性，使轉為形質。」這說出了它與楷體恰然相對的特徵。草書最講流暢，要寫得舒卷浩蕩，衝折起伏，氣勢磅礴，淋漓酣暢，才是作家。這也就是張潮所說的「草書須如名將」的含義。

行書是介於楷隸與草書之間的一種書體，關於其特點，有口訣說：「行筆而不停，著紙而不刻，輕轉而重按，若水流雲行，永存乎生意也。」行書的書寫，須駕馭自如，筆勢流暢，筆墨精到，氣度安閒，書韻雋永，張潮文字中以「羊叔子緩帶輕裘」作比，可謂恰切。

人們品評書法，多以「文人氣息」、「書卷氣息」、「將軍氣息」作判語，張潮以文人、名將等區別不同書體間相別的風格，確也得其三昧。

一四

人須求可入詩，物須求可入畫。

【語　譯】人要有可以入詩的韻味；物要有可以入畫的美感。

【賞　析】程朱理學認為人欲害人，說：「甚矣，欲之害人也。人為不善，欲誘之也。誘之而不知，則至於滅天理而不知反。故目則欲色，耳則欲聲，鼻則欲香，口則欲味，體則欲安，此皆有以使之也。」（《二程粹言》卷二）為此，他們極力主張「無人欲即皆天理」（《遺書》卷十五），「學者須是革盡人欲，復盡天理，方始是學」（《語類》卷十三）。而張潮這裡所說的「人須求可入詩」，要人具有詩的特質，生動活潑，神采飛揚，精神飽滿，情感豐富，具有意趣，顯然是對程朱的反動。至於「物須求可入畫」，同樣有悖於程朱思想。按程朱理學規範，物之於人，適用而已，正所謂飲食為天理，要求美味即是人欲。倘若像張潮這樣，要它具有能夠入畫的美感，顯然是人欲的表現，應當革除。張潮這種對人的本性的張揚，是對晚明進步社會思潮的繼承發揚。

張潮的這兩句話，還涉及到另一個問題，即人與自然的改造。在他看來，人，應該是「能夠入詩」的人；物，應該是「可以入畫」的物。詩情畫意，便是人及其生活的自然空間所共同造成的一種理想境界。這對我們當具有啟示意義。

一五

少年人須有老成之識見，老成人須有少年之襟懷。

【語　譯】少年人應當有老年人的見解，老年人應當有少年人的胸懷。

【賞　析】少年人與老年人相比，各有所長，也互有不足。少年人意氣風發，精神抖擻，富於感情，勇於進取，這是其優點。缺陷在涉世未深，閱歷不多，缺乏磨練，經驗不夠，既容易感情意氣用事，對問題的處理也易於失之簡單粗糙。不同的是，老年人經過數十載人生滄桑，對生活的酸甜苦辣都有體會，經驗豐富，處事老到，但不足處在多有暮氣，不思進取，不容易接受新鮮事物，固執保守，缺少激情與熱忱。而張潮所主張的老少互補，少年人學習老年人的老成識見，老年人學習少年人的懷抱，對克服少年的膚淺，糾正老年人的暮氣，合之雙美，不失為理想的補救措施。

一六

春者天之本懷，秋者天之別調。

【語譯】春天是自然本有的情懷，秋天是自然另有的情調。

【賞析】春天是一年四季之始。經過冰封雪凍的漫漫寒冬，伴隨著醉人的春風吹來，小草吐出新綠，樹的枝條冒出嫩芽，萬物復甦，百鳥鳴唱，到處鶯歌燕舞，一派生機勃勃欣欣向榮的景象。天有好生之德，在張潮看來，這旺盛的生機，嶄新的氣象，正是大自然本有的特色，故曰「春者天之本懷」。

秋季則是另外一種景觀。春華秋實，秋天是豐收的季節，果樹的枝條為累累果實壓彎了腰，漫山遍野的大豆、高粱、苞米、稻子，赤橙黃綠青藍紫，五彩繽紛，企盼豐收的老農，臉上綻出喜笑。若在一日之中，春天是早晨的太陽，夏天是正午的太陽，秋天是下午的太陽，日落時的景致同樣美麗，唐詩說「夕陽無限好」便是對此發出的由衷禮讚。但接著又說「只是近黃昏」，對她的行將墜落，也表示出深深的嘆惋。秋也如是，天高雲淡，北燕南飛，金子般的顏色美則美矣，但颯颯秋風已顯示了寒冬即將來臨的朕兆。這時的大自然，恰如人生暮年，氣力已竭，雖然有黃昏之美，惜其不永，故張潮曰「秋者天之別調」，以「別調」許之，可謂確當。

一七

昔人云：「若無花月美人，不願生此世界。」予益一語云：「若無翰墨❶棋酒，不必定作人身。」

【注釋】❶翰墨　原指筆墨，借稱詩文書畫作品。

【語譯】以前有人說過：「如果沒有花、月、美人，不願生活在這個世界上。」我增加一句話：「如果沒有詩文、書畫，沒有弈棋、美酒，就不一定非做人不可。」

【賞析】花、月、美人作為美的自然存在，可以給人美的愉悅，給人以精神上的快感，此自不待言。世界上如果沒有爭奇鬥艷的鮮花、高潔聖靈的月亮、靚麗迷人的佳人，也顯然是一大缺陷，讓人感到無窮遺憾。

花、月、美人作為審美對象，是客觀存在。詩文書畫及弈棋飲酒則不同。它們固然能夠抒情言志、宣洩鬱悶、頤養性情，但卻首先需要參與，要人在揮毫抒寫、對弈、飲用中才能實現，這是創造或勞動中的愉悅。從事勞動與創造，也是人與動物的本質區別，張潮所謂「無翰墨棋酒，不必定作人身」云云，似乎已朦朧意識到了這個道理。

當然，花月美人、翰墨棋酒之類，為封建文人恣意宣揚，標榜文酒風流，不無病態，但這則文字也給我們兩點啟示：一、人類需要有一個美的世界、美的生存環境；二、人要具有創造精神，要熱愛勞動，只有在勞動與創造中，才會享受到精神的愉悅。

一八

願在木而為樗❶不才終其天年，願在草而為蓍❷前知，願在鳥而為鷗❸忘機❹，願在獸而為廌❺觸邪，願在蟲而為蝶花間栩栩，願在魚而為鯤❻逍遙遊。

【注　釋】❶樗　落葉喬木，即臭椿。❷蓍　多年生草本植物，古代用以占卜。❸鷗　水鳥名。一名鷖，水鴞，似鶬鶊而小，海中稱海鷗，江中稱江鷗。❹機　通「幾」，事物變化的跡象與徵兆。忘機，即無憂無慮，不考慮得失。❺廌　即解廌（豸），神獸名，相傳牠能辨別曲直。《史記集解》引《漢書音義》說：「解豸似鹿而一角，人君刑罰得中則生於朝廷，主觸不直者。」❻鯤　大魚名。《莊子．逍遙遊》：「北冥有魚，其名為鯤。鯤之大，不知其幾千里也；化而為鳥，其名為鵬。鵬之背，不知其幾千里也；怒而飛，其翼若垂天之雲。」又引《齊諧》云：「鵬之徙於南冥也，水擊三千里，摶扶搖而上者九萬里，去以六月息者也。」

【語　譯】希望在樹木中作樗（雖不成材不中使用，卻能享其天年），在草中作蓍（能預卜前程），在鳥中作鷗（無憂無慮），在獸中作解豸（辨察抵觸邪惡），在蟲中作蝴蝶（在花叢中翩翩起舞），在魚中作鯤（化作大鵬而逍遙遨遊）。

【賞　析】這裡明說物，實況人，增一「願」字，以物況人的用意更昭然若揭了。至於作者因何選擇這些物來表達其人生願望，這在其小字夾注中有明確交代，如樗「不才終其天年」，蓍草能夠「前知」，鷗鳥「忘機」，解豸「觸邪」，蝴蝶「花間栩栩」，鯤鵬可「逍遙遊」。而要闡明作者為什麼會有這些人生理想而不是什麼其他別的理想，卻要從作者的時代人生遭際中去挖掘。因才華橫溢多招嫉被害，才子多因才而喪生，故作者說願作不才無用的臭椿不被人斫而得享天年；因人生前途難料，茫茫不測，多遇坎坷，故作者說願為蓍草，可以卜知前事，以免挫折；因人心不足，常為得失否泰，為榮辱窮通煩惱，故作者說願為無憂無慮的鷗鳥，自由自在地翱翔；因世情險惡，人心叵測，善惡難辨，故作者說願為解豸，能夠明察秋毫，辨察奸小良善，以不為惡人蒙蔽；因人世蠅營狗苟，混濁骯髒，故作者說願為蝴蝶，起舞於潔淨美麗的花叢，不遭惡臭熏灼；因人生多不如意，多有拘牽，每為物累，故作者說願為「摶扶搖羊角而上者九萬里，絕雲氣，負青天，然後圖南，且適南冥也」（《莊子・逍遙遊》）的鯤鵬，逍遙遨遊。

以物況人，顯示了作者的無奈。人生固然艱難，對於強者，其明天一定比今天更好。只要不畏險途，積極進取，勇於拚搏，有耕耘便會有收穫。消極避世帶來的只能是永遠的遺憾。

一九

黃九烟❶先生云：「古今人必有其偶雙，千古而無偶者，其惟盤古❷

乎？」予謂盤古亦未嘗無偶，但我輩不及見耳。其人為誰？即此劫❸盡時最後一人是也。

【注　釋】❶黃九烟　明清之際文學家黃同星，字九烟，號圃庵。著《圃庵詩文》、《芻狗齋集》等。❷盤古　古代神話中開天闢地創世紀的人。❸劫　梵文音譯「劫波」的省稱。源於印度婆羅門教，稱世界要經過許多劫，每當劫末，劫火燒毀一切，然後重新創造世界，佛教沿其說，分大、中、小三劫，一大劫包括成、住、壞、空四個劫期。

【語　譯】黃九烟先生說：「從古到今，每個人都能找到與他匹敵者；千古無雙的人，大概只有盤古了。」我說盤古也未嘗沒有匹敵者，只是我們這些人等不及罷了。這個人是誰？就是這一劫結束時剩下的最後一個人。

【賞　析】這則文字幽默機趣而富有智慧。黃同星用的是反問，在問而不在答中，答案似乎已經明確：盤古為千古來第一人，無人能比。張潮則用設問，在一問一答中，對黃同星這看似無可辯駁的結論提出否定。認為盤古也有人與他匹配，這便是劫盡時最後一人。盤古為始，此最後一人為終，以終配始，誰說不妥！由這裡我們聯想到，做人做事雖不必一味中庸，但也千萬不可目空一切，妄自尊大，過於絕對，以盤古氏創世紀之偉大，尚不能千古無匹，俗世凡人，一點成績的取得，些許功名的到手，又有何理由自驕驕人？而不可一世、唯我獨尊、欺凌弱小者，讀此段話語，豈能不生慚愧？

二〇

古人以冬為三餘❶，予謂當以夏為三餘：晨起者夜之餘，夜坐者晝之餘，午睡者應酬人事之餘。古人詩云：「我愛夏日長。」❷洵不誣也。

【注　釋】❶三餘　語本《三國志・魏志・王肅傳》注引《魏略》：「（董）遇言當以三餘。或問三餘之意，遇言：冬者歲之餘，夜者日之餘，陰雨者時之餘也。」❷我愛夏日長　語出唐文宗與柳公權聯句：「人皆苦炎熱，我愛夏日長。」事載《唐詩紀事》。

【語　譯】古人把冬天稱為三餘，我說應當把夏季稱為三餘：早晨起來是夜晚的空餘，晚上遲睡是白天的空餘，午睡時間是應酬人事的空餘。古人詩說「我愛夏日長」，的確不假。

【賞　析】關於時間，從古到今留下了許多格言名句。或說時間匆匆易過，勸人惜時；或說時間的無價，勸人有所作為，讀之都令人感奮。這則文字同樣是關於時間的議論。

其實，冬為三餘也好，夏為三餘也罷，對惜時即善於利用時間、能主宰時間者來說並無關緊要，在他們，「三餘」無所不有，又永遠沒有。他們總會有學習的時間，總沒有虛度的光陰。對他們而言，所謂的「閒暇」，也只是工作之外，能用來學習充電的空間，故閒而不閒。「辛勤的蜜蜂永遠沒有時間的悲哀」，當我們身上惰性作祟，又在以「太忙」替自己逃避讀書開脫時；當我們感嘆時間不足無暇學習時，我們有沒有反問過自己：你見到過蜜蜂採蜜嗎？你有沒有真正做時間的主人？

二一

莊周❶夢為蝴蝶，莊周之幸也；蝴蝶夢為莊周，蝴蝶之不幸也。

【注釋】❶莊周　戰國時期宋國蒙人。有《莊子》三十三篇。主張齊萬物等生死。為道家代表人物。

【語譯】莊周夢中變為蝴蝶，是莊周的幸運；蝴蝶夢中變為莊周，是蝴蝶的不幸。

【賞析】這則文字語本《莊子・齊物論》：「昔者莊周夢為蝴蝶，栩栩然蝴蝶也，自喻適志與！不知周也。俄然覺，則蘧蘧然周也。不知周之夢為蝴蝶與，蝴蝶之夢為周與？」文中本意，在強調萬物混同的思想。也就是說，我即夢中的物，物即夢中的我，物我實難判分。張潮這裡所要說明的，卻與此並不相同。

在張潮看來，紅塵紛擾，世情澆薄，人心不古，爾虞我詐，俗世之中，到處都是陷阱，加之名繮利鎖，種種束縛，人生在世，活得太累、太不自由。以此，他羡慕蝴蝶的栩栩然花間，在百花叢中自在起舞，無牽無掛，無拘無束。又以此，他認為莊周所說的夢為蝴蝶，倘若是真，倒確是一種幸福。相反，以蝴蝶之自由自在，若夢為莊周，生活在紅塵之中，受人生諸多束縛諸多痛苦，這卻不能不說是蝴蝶的悲哀。

二二

藝❶花可以邀蝶，纍石可以邀雲，栽松可以邀風，貯水可以邀萍，築臺可以邀月，種蕉可以邀雨，植柳可以邀蟬。

【注釋】❶藝　種植。

【語譯】種植花卉可以招來蝴蝶，堆起石山可以招來浮雲，栽植松樹可以招來清風，貯積池水可以招來浮萍，構築高臺可以招來月光，栽種芭蕉可以招來雨水，種植柳樹可以招來鳴蟬。

【賞析】蝶舞花間，雲浮山上，風過松林，萍浮水面，月灑高臺，雨滴芭蕉，蟬鳴柳枝，凡物以類相聚。蝶與花、雲與山、風與松、萍與水、月光與高臺、雨與芭蕉、蟬與柳樹，其相互因依，因果共存，由各自因緣決定。人亦如之，以群相分，如君子交君子，小人交小人，英雄相惜互愛，奸小臭味相投。佛法說：種瓜得瓜，種豆得豆。無因便無果，果由因而生。無惡行便不會有惡譽，無自作便不會有自受。蒼蠅飛來，為蛋的臭氣相招而致。故為人在世，須修身正性，養浩然正氣，堂堂正正做人，才不會為小人所用，不做有虧行止的事，不留遺憾在人間。

二三

景有言之極幽而實蕭索❶者，烟雨也；境有言之極雅而實難堪者，貧病也；聲有言之極韻而實粗鄙者，賣花聲也。

【注釋】❶蕭索 蕭條冷清。

【語譯】景觀有說起來十分幽美而實際上蕭條冷清的，那就是濛濛細雨；境況有說起來十分優雅而實際上無法忍受的，那就是貧窮疾病；聲音有說起來很有情韻而實際上粗俗不堪的，那就是賣花者的叫賣聲。

【賞析】烟雨、貧病、賣花聲，在古代文人騷客筆下，都有過精彩描繪，留下了千古絕唱。寫雨者如杜甫〈春夜喜雨〉、張志和〈漁父〉、韋應物〈賦得暮雨送李胄〉、王建〈雨過山林〉、韓愈〈早春呈水部張十八員外〉、劉禹錫〈竹枝詞〉，多不勝舉；嘆貧病者如杜甫〈茅屋為秋風所破歌〉、〈自京赴奉先縣詠懷五百字〉、〈登高〉，孟雲卿〈寒食〉，韓愈〈左遷至藍關示侄孫湘〉，韋應物〈寄李儋無錫〉，王禹偁〈對雪〉、蘇舜欽〈城南感呈永叔〉，美不勝收；而詠及賣花者，以陸游「小樓一夜聽春雨，深巷明朝賣杏花」句最為馳名。

在詩人筆下，烟雨之幽，貧病之雅，賣花聲之韻，都不難見出。但這都是藝術美的顯現，是經過詩人藝術加工創造的精神產物。具體到實境，濛濛細雨能否有幽美之感，則既取決於感受者的心境，又於欣賞角度不無關係。若人處在憂慮悲傷之中，烟雨給人的印象只能是淒清，若在濛濛細雨中，曠野人稀，又無雨具，腳下泥濘，只能感到蕭颯；而暖室窗前，美酒一杯，心境開朗，觀賞濛濛細雨，便自然會有詩的美感。貧病在古人詩中所以有「雅」的美感，與「君子固貧」的舊知識分子觀念有關。在他們看來，社會上多為富不仁之輩，與其如此，他們倒更崇尚顏回「一簞食，一瓢飲」般的清貧。又與舊知識分子畸形的審美觀念相聯，他們欣賞的不是健壯，而是「蒲柳之枝」，是文弱不能禁風。但在現實生活中，貧寒疾病對每一個人，都只能帶來痛苦煎熬，具體罹病的個人，只能是難堪而不可能有雅致。

至於賣花聲，因於鮮花相聯，共同形成意象，自然韻味無窮。而具體到賣花者的喊聲，或粗或細，或脆或沙，在詩人的語言中，作為抽象的賣花聲，當然韻味無窮；而在具體現實中切身聽來，卻會有截然不同的感受。

這則文字用「言」與「實」的不同對比，說明了詩人筆下的「言」與生活中的「實」的距離。所以如此，在於一是藝術創造，一是生活實景。藝術高於生活，藝術家的創造，給人們帶來了美的享受，豐富了人們的精神生活。

二四

才子而富貴，定從福慧❶雙修得來。

【注釋】❶福慧　佛教術語。又稱福觀。指福德與智慧兩種莊嚴。福者修六度中布施、持戒、忍辱、精進、禪定、般若等善業，屬利他；慧者智慧，即觀念真理，屬自利。

【語譯】一個才子又能擁有富貴，必然是福慧雙修而來的。

【賞析】「材大難用」，說的是大才不能為世所用，落拓潦倒，淹滯人生。為什麼才大便難用？《莊子・逍遙遊》中說：「其大本擁腫而不中繩墨」，故「立之塗，匠者不顧」。看來，材大難用的關鍵還在於它不合世俗觀念規範，難以為用。

對人來說，高才本身容易招忌，若高才者恃才傲物、鋒芒過露，則必然因此而妨身。古人詩中說「志士幽人莫怨嗟，古來材大難為用」，材大難用，自古而然。

才大不為世用者可以此自慰，但卻不能就此消沉。因為，任你才高八斗，若不能為世所用，不能將才華釋放，有益於世，高才等於無才。而糟蹋了才華，則有愧於天賦。隨著社會的進步，材大難用這種現象會越來越少，具有遠見卓識的用人者會越來越多，得人才者興，用人者深知人才對於事業的重要，這將為高才者提供更多施展才華的機會，大才只要能稍斂鋒芒，當不難為世所用，才子而富貴，也將不再難見。

二五

新月恨其易沉，缺月恨其遲上。

【語　譯】月初的月亮沉落得太快，讓人遺憾；下旬的月亮昇出得太晚，也令人不能滿足。

【賞　析】明月總給人美好的遐想。圍繞著月亮，古來也有著許多迷人的神話傳說，如嫦娥奔月、蟾蜍蝕月、吳剛斫桂、灰飛輪闕、仙人乘鸞等等即是。歷代詩人也往往用明月來作為寄託情志、抒發情感的意象載體，古代詩詞中詠月之什為數眾多，可以為證。人們熱愛明月、欣賞明月，從一彎明月中得到了無限的美感享受。但月有圓缺，天有陰晴，一年之中，能夠賞月的機會並不算多，所以又給人造成很多遺憾。這則文字從新月易沉、缺月遲上這一角度正寫出了作者對明月的眷戀深情。

二六

躬耕❶吾所不能，學灌園❷而已矣；樵薪❸吾所不能，學薙草❹而已矣。

【注釋】❶躬耕　親治農事。用作隱居的代稱。❷灌園　從事田園勞動。《史記・鄒陽列傳》載：「是以孫叔敖三去相而不悔，於陵子仲辭三公為人灌園。」後用作隱退家居的代稱。❸樵薪　打柴。❹薙草　除草。

【語譯】親治農事我做不來，只是學學澆灌園圃罷了；打柴我做不來，只是學學除草而已。

【賞析】古代讀書人以讀書中舉、出仕做官為人生追求，於稼穡之道，並不熟稔，也無力去做。但他們卻偏偏在不得志或官場失意，或致仕家居時，以躬耕、樵薪自命，來標榜其隱逸山林田園的志堅。這則文字，以幽默的筆調，戳破了當時所謂儒者「躬耕樵薪」的本質。作者說，我雖處草野，但務農卻做不來，所做的也只是灌灌花園罷了；至於像打柴，同樣無力做到，所做的頂多是鋤鋤草而已。灌園圃與治農事，除草與打柴，相去甚遠，強作比附，以示心堅，明眼人不難看出他們身在草野心懸魏闕的矛盾，及其言與心的不一。而如張潮這裡所真實道出的「不能」「學習」，倒是體現出了他為人的真誠與思想的淡泊。

二七

一恨書囊易蛀，二恨夏夜有蚊，三恨月臺❶易漏，四恨菊葉多焦，五恨松多大蟻，六恨竹多落葉，七恨桂荷易謝，八恨薜蘿藏虺❷，九恨架花生刺，十恨河豚❸多毒。

【注　釋】❶月臺　為露天賞月而築的高臺，三面有階。❷薜蘿藏虺　薜蘿，薜荔、女蘿，均植物名。虺，毒蛇。❸河豚　魚名。味美，四五月產卵期卵巢與肝臟有劇毒，誤食能致命。

【語　譯】一憾書袋子容易被書蠹蛀蝕，二憾夏季夜間有蚊子，三憾在賞月的高臺上時光易過，四憾菊葉多焦枯，五憾松樹上多有大蟻，六憾竹子多落葉，七憾桂花、荷花容易凋謝，八憾薜荔女蘿中會藏毒蛇，九憾架上鮮花長刺，十憾河豚多劇毒。

【賞　析】人生活在大自然，既從中享有多多，也為其中許多東西侵害；有所得，也有所失；既有圓滿，也有缺憾。這則文字所舉十件憾事，便是如此。

書蠹蛀書、蚊子叮人、大蟻損松，或危害人類，或破壞人的生存環境，或毀滅人的財富，於人有百害而無一益。而月臺易漏、河豚多毒，或因賞月而費時，或以享美味而擔生命風險，於人則有得也有失。至於菊葉多焦、竹多落葉、桂荷易謝、薜蘿藏虺、架花生刺，則屬於美中不足，未得圓滿。

而隨著文明的發展、科學的進步，人類對自然的駕馭能力不斷增強，大自然帶給人的不少遺憾將可逐漸消弭。在今天，書蠹、蚊子、大蟻、毒蛇可以消滅，人工養殖的河豚味美無毒，溫室中植物也四季常青，張潮如果生活在現代，大概可以少有許多遺憾了。

二八

樓上看山，城頭看雪，燈前看月，舟中看霞，月下看美人，另是一番情境。

【語　譯】從樓上遙望遠山，在城頭上看皚皚白雪，坐在油燈旁賞玩明月，身在舟中欣賞朝暉晚霞，朦朧月色裡端詳美人，可以看到另外一種情景。

【賞　析】蘇東坡〈題西林寺壁〉詩說：「橫看成嶺側成峰，遠近高低各不同。不識廬山真面目，只緣身在此山中。」詩說的是欣賞山景，站在不同的角度，便會有不同的觀感。橫看是綿延起伏的山脈，側看則是聳入雲霄的高峰。而距離的遠近，腳下地勢的高低，景觀也自有別。身在廬山之中，只睹一隅，自然便難識其真正面目。由此可以看出，自然景觀的審美，空間位置極為重要，審視的角度，腳下的高低，都直接影響到對自然景觀的欣賞。張潮的這則文字，同樣涉及到這一問題。

作者面對的審美對象有山、雪、月、霞、美人，而分別為它們設定的觀賞空間是樓上、城頭、燈前、舟中、月下，因其與平地看山看雪、陸地看霞、無燈賞月、白晝觀美人存在著空間的不同，審美效果也出現了差異。平地看山，易為物障，往往不能看到山麓；平地觀雪，則同樣見之有限。

而樓上看山便能看到全景。城頭觀雪既能極目遠望，又因與雪保持一定距離，生出飄然之感。燈前看月，清燈對明月，愈顯月明皎潔。舟中看霞光，水天一色，水映霞光，更見迷離。月下觀美人，不如白晝清晰，卻有朦朧之美。

當然，作者設定的這些審美空間，也並非就是最佳的選擇，作者只說「另是一番情境」，而不言其為「最佳情境」，可見他用語遣詞的精恰。

二九

山之光，水之聲，月之色，花之香，文人之韻致，美人之姿態，皆無可名狀，無可執著，真足以攝召魂夢，顛倒情思。

【語　譯】山光、水聲、月色、花香、文人的神韻氣質、美人的婀娜姿態，都無法作具體描寫，無法作具體把握，的確讓人魂牽夢縈、情思翻騰。

【賞　析】山光、水聲、月色、花香、文人韻致、美人姿態分別由山、水、月、花、文人、美人而生，但卻不同於其物其人之具體實在、容易感知，而顯得抽象空靈，難以把捉。

山光富於變幻，水聲花香具有多種，月色迷離，而文人的韻致與美人的姿態更在於說不出的滋味。大概也正因為它們的無可名狀，無法在大腦裡形成精確具體的物象，更使人感到神往、仰慕。對於它們，人盡可以充分展開想像、聯想，可以用最大的能力去進行創造，似是而非，似乎若有所得，又確乎沒有得到，若有所悟，其實又沒有徹底領悟。這種想像，只要不硬去比附、執著強解，便大有空間，足可以讓人陶醉、讓人神魂顛倒。它們的魅力也正在於此。

這則文字的高妙處，也在其沒有強作解人，將自己的某種理解用語言強加給讀者，它提供給我們的，正如這些事物的本身那樣，原汁原味，撲朔迷離、朦朧空靈。

三〇

假使夢能自主，雖千里無難命駕❶，可不羨長房之縮地❷；死者可以晤對，可不需少君之招魂❸；五嶽❹可以臥遊，可不俟婚嫁之盡畢。

【注釋】❶命駕　命令御者駕車。❷長房之縮地　晉葛洪《神仙傳》五〈壺公〉載：「房有神術，能縮地脈，千里存在，目前宛然，放之復舒如舊也。」房，即東漢方士費長房。❸少君之招魂　〈漢武帝內傳〉載：「帝思李夫人，得李少君術，以招致其魂。」李少君，漢代方士，據說能為招魂之術。❹五嶽　中嶽嵩山、東嶽泰山、西嶽華山、南嶽衡山、北嶽恆山的總稱。

【語譯】假使做夢能由著自己的意志，即使千里之隔也不難前往，可以不羨慕費長房的縮地術；而能與死者夢中相見，也可以不要李少君的招魂；能睡在床上夢裡暢遊五嶽，也不必等婚嫁諸事辦完再作遠行。

【賞　析】人生有許多不能盡如人意處，如死者不能復活。死者已矣，但對於生者，傷悼親人的哀慟卻很難一時消除，因此，有「少君招魂」這種仙話出現；又如千里懸隔，交通不便，需費時多日才能到達，這對於異鄉為客、思鄉欲歸，或急於趕往遠處的人，最是難熬，也因此，有「長房縮地」這一仙話應運而生；而遍遊五嶽，遊山玩水，對古人來說，更是一種奢望。蹇驢牛車，舟行徒步，其時既久，貲費必厚，除非囊中豐裕，優哉悠哉，有許多資金與大量時間作保證，否則極難如願。有鑑於此，作者便將希望寄託於夢中實現。夢鄉神遊，可以千里之行而在剎那，遍行五嶽而在須臾；可以不再為生死所隔絕，而與朝夕思念的親人相聚。但夢畢竟不能自主，作者所說的一切，也只能是作家所做的白日夢。作者以此為憾，世上眾生也以此為恨。

三一

昭君以和親而顯，劉蕡❶以下第而傳，可謂之不幸，不可謂之缺陷。

【注　釋】❶劉蕡　唐昌平人。字去華。文宗大和三年應賢良對策，以極言宦官禍國，主考官懼怕，未予錄取。時人說：「劉蕡不第，我輩登科，實厚顏矣！」

【語　譯】王昭君因為出塞和親而揚名，劉蕡因為落第不中而傳世，可以說是不幸，不可以說是不圓滿。

【賞析】昭君出塞，在古代文學創作中，多賦予悲劇主題，如《樂府詩集》所收〈昭君怨〉寫到：「翩翩之燕，遠集西羌」，「父兮母兮，道里悠長。嗚呼哀哉，憂心惻傷」。敦煌石室藏〈王昭君變文〉中說：「昭君一度登山，千回下淚。慈母今何在？」「遂使望斷黃沙，悲連紫塞，長辭赤縣，永別神州」。元人馬致遠〈漢宮秋〉雜劇更為悲劇的絕唱，人所熟知，耳熟能詳。無論是「永別神州」、不見慈母的悲哀，還是為國力衰弱、忍痛割愛的淒切，昭君在這些作品中都是悲劇的中心，是「不幸」的直接承擔者，這也正是張潮所說的「可謂之不幸」。

唐代劉蕡以應賢良之試時，在對策中直言極諫，論宦官之禍，為考官黜退不取，這對以讀書中舉、做官顯達為正途的文人來說，同樣「可謂之不幸」。

另一方面，揚名後世，名存青史，這同樣是人們普遍神往的結局。王昭君與劉蕡的遭遇可說是「不幸」，但王昭君以和親而顯名，劉蕡以斥宦官落第為人稱道傳世，既見於文人吟詠，又見於史籍記載，千古不朽，這不是人們孜孜尋求的嗎？所以可謂之「圓滿」，「不可謂之缺陷」。

三二

以愛花之心愛美人，則領略自饒別趣；以愛美人之心愛花，則護惜倍有深情。

【語　譯】以愛花的心理去愛美人，便會感受到另外一種情趣。以愛美人的心理去愛花，那麼對花的愛護憐惜之情也會更深。

【賞　析】宋元以來，程朱理學為統治階級推尊，遂成為一統天下的思想。程朱主張尊天理，去人欲，非禮勿視、非禮勿聽、非禮勿言、非禮勿動，任何個人的欲望都受到貶斥。到了明代中晚期，隨著資本主義的萌芽，新的社會思潮出現，好貨好色作為個人的正常欲望，得到理論家的肯定，人們不僅講美食，嗜茶酒，建園林，賞花草，甚至好女色、重情愛。這則文字所披露的思想，正是承此一脈而來。

作者既愛花草，又戀美人，並提出以愛花之心愛美人，以愛美人之心愛花的主張。由這一主張又可以看出，作者並不贊同放縱情欲。其所謂「以愛花之心愛美人」，便是說，對美人的愛要有些像欣賞鮮花一樣的內涵，不僅是欲，還要有美，更側重於精神上的快感。另一方面，作者認為對花的喜歡，不只因為它是美的物質，還要在其中寄託點情思，將花作「人」，只有這樣，對花的喜愛才會更深情，更有包涵，這與他「花即美人」的主張是一貫的。

三三

美人之勝於花者，解語也；花之勝於美人者，生香也。二者不可得兼，舍生香而取解語者也。

【語　譯】美人勝過鮮花的地方，在於她善解人意；鮮花勝過美人的地方，在於它能夠散發馨香。這兩者如果不能夠同時擁有，就捨棄生香的鮮花去求得解語的美人。

【賞　析】「魚我所欲也，熊掌亦我所欲也，二者不可得兼，舍魚而取熊掌者也。」鮮花與美人，也同於此。人既愛鮮花，也愛美人，而鮮花與美人各有其長，互有其短，生香固為人所喜，而解語之於人更顯重要。雖然人們在鮮花中亦能寄託情感，但畢竟人、物異類，花只能給人以美的快感，而不能領悟人意，更不能給人撫慰、呵護。當夜深孤寂的時候，鮮花不能給人以溫暖；在悲慟哀絕的時候，鮮花不能給人以勸解；在英雄失志、挫折不遇的時候，鮮花不能給人以鼓勵。而這些，在美人那裡，都能夠得到。所以張潮說，若鮮花與美人不能得兼，願捨鮮花而取美人。

這則文字立論的基礎，是以明末清初人們的崇尚美人、熱愛花草為其背景，在以鮮花、美人進行抽象比較中得出的結論。所以我們不必執著於此。尋求解語知音，當然要以同心互愛、情投意合為前提，否則，河東獅子吼於耳畔，倒不如鮮花為伴，梅妻鶴子。

三四

窗內人於窗紙上作字，吾於窗外觀之，極佳。

【語　譯】窗內有人在窗紙上寫字，我在窗外觀看，十分生動。

【賞析】這則文字的佳處在於它本身即構成一幅生動的畫面：一所舊式老房，木格窗子，窗櫺上糊著素紙，一人在室內窗前就素紙上揮毫潑墨；室外，又一人在悄然靜觀，看到妙處，情不自禁手舞足蹈。在這幅畫面上，作者已融入其中。

畫中另有畫面，由作者眼中觀之：窗內人於窗紙上寫字，嚴肅、認真的神態，揮毫潑墨，用心用意，似正在用反筆書寫，滑稽、有趣、令人捧腹、忍俊不禁。

短短十餘字一則文字，畫中有畫，生動傳神，造成一種美妙的境界，讀之神往，使人有如在畫中之感。

三五

少年讀書，如隙中窺月；中年讀書，如庭中望月；老年讀書，如臺上玩月。皆以閱歷之淺深，為所得之淺深耳。

【語譯】少年時讀書，就像從縫隙中窺看明月；中年時讀書，就像站立庭院觀賞明月；老年時讀書，就像獨立高臺賞玩明月。都因人生經驗的多寡，決定了他們所領悟的深淺不同。

【賞析】任何書本文字都是作者對社會、歷史、自然、人生參悟領會的總結，因而，豐富的人生閱歷對作者顯得重要，對讀者同樣也不可缺少。閱歷的深淺，在作者，關乎其所著書中內容的薄厚；在讀者，影響到其讀書時領略會心的多寡。這則文字所談正是這一問題。

所謂「隙中窺月」、「庭中望月」、「臺上玩月」，用的是三個比喻，說的是讀書的三種境界。少年閱歷尚淺，其讀書，多就字面作解，正如縫中窺月，雖能見到一輪明月，月之光華，難見多少；人到中年，有了相當的閱歷，其讀書，不僅從字面領悟，還能聯類其他，舉一反三，如庭中望月，既見月輪，又見光華；而至老年，經過讀書，又不僅能解字外寓意，甚而其對書本的理解，多能超出著書者的命意，恰如月臺觀月，從容蕭嫻，所見至廣。

當然，這裡所講，只是籠統而論。人的經驗，有得之人生經歷，而更多的則來自書本，生亦有涯而書海無涯，勤奮學習，博覽群書，自能獲取較之人生閱歷豐富遠多的知識，書海有取之不盡的寶藏。

三六

吾欲致書雨師❶：春雨宜始於上元節後（觀燈已畢），至清明❷十日前之內（雨止桃開），及穀雨❸節中。夏雨宜於每月上弦之前，及下弦之後（免礙於月）。秋雨宜於孟秋、季秋❹之上、下二旬（八月為玩月勝境）。至若三冬❺，正可不必雨也。

【注釋】❶雨師　古代神話中司雨之神。❷清明　漢族傳統節日。又稱植樹節、踏青節、聰明節。時在農曆三月間（國曆四月五日前後）。❸穀雨　二十四節氣之一。每年國曆四月二十日前後太陽到達黃經三十度開始。❹孟秋季秋　農曆七、八、九三月分別稱孟秋、仲秋、季秋。❺三冬　即冬季三個月，農曆的十、十一、十二月。

【語譯】我想寫信給雨師：春雨適合在上元節後（觀燈已經結束），到清明節前十日這段時間（雨停桃花開），還有穀雨這天；夏雨適合在農曆每月的初七、八之前，二十二、三之後（以免妨礙觀月）；秋雨適合在孟秋、季秋的上、下二旬（仲秋八月為觀月的最佳時機）；至於像冬季三個月，那就可以不用下雨了。

【賞析】花開月出有時而落雨無常，花好月圓常因陰雨或遭摧殘或被遮不顯，這對嗜好賞花玩月的有閒者來說，的確為之掃興，此即是這則文字立意的出發點。

作者說，上元節為觀燈之日，清明前後桃花盛開，這是春季三個月中的兩件盛事，不可下雨；夏季三月，正當盛暑，室外觀月乘涼，不失為消暑一法，故在此三月，除上旬、下旬中幾日無月可觀，餘外能夠觀月的時間，也不可下雨；秋季三月，仲秋為觀月最佳時機，不可下雨；孟秋、季秋兩月，唯上、下旬非觀月佳時，下雨無妨；至於冬季，氣候陰寒，下雨增添寒意，正可不必下雨。

這諸多想法，為遊戲筆墨，不必當真。但其中確實披露了作為有閒階級的作者，其思想深處對下層勞動階級的隔膜。余生生評得好：「使天而雨粟，雖自元旦雨至除夕，亦未為不可。」可惜天上降不下麵包，糧食要靠農民生產。對農民來說，他們並沒有張潮一類人的雅興，他們更關心莊稼的歉收。而圍繞「雨」字所呈現出的鮮明不同的兩種態度，表現了士夫的唯我與農夫的大公。

三七

為濁富不若為清貧，以憂生不若以樂死。

【語譯】富得骯髒不如貧得乾淨，憂愁地活不如快樂地死。

【賞析】「人生不滿百」，在有限的生命歷程中，人究竟應該怎樣活著，即採取怎樣的人生態度，這是值得思考的問題。古代賢哲的有關論說，可資我們借鑑。這則文字就貧與富、生與死所發表的看法，便是傳統人生價值觀的典型體現。

所謂「為濁富不若為清貧」就是說不義而富，不若清貧而保有節操。《論語・述而》中說的「不義而富且貴，於我如浮雲」，說的也是這個意思。所謂「以憂生不若以樂死」，則是說人生要快樂樂天，而不要悲觀消沉。終日煩憂，始終為煩惱憂愁困擾，不能自拔，痛苦不堪，則失去了人生的意義。這種人生見解放在今天，仍不失為座右銘言。

當我們面臨著濁富與清貧的抉擇，是否能為保持節操而安守清貧？這是嚴峻的考驗。而在我們的生活中，當遇到挫折，處於逆境時，能否泰然處之，笑面人生，戰勝自己，成為生活的強者，這一點，做起來同樣不易。

三八

天下唯鬼最富，生前囊無一文，死後每饒楮鏹❶；天下唯鬼最尊，生前或受欺凌，死後必多跪拜。

【注釋】❶楮鏹　即冥紙。祭祀時焚燒的紙錢。

【語譯】天下只有鬼最富有，活著時口袋空空，一文錢沒有，死後往往有大量紙幣享用；天下只有鬼最為尊貴，活著時不免遭受凌辱，死後則必定得到許多人的跪拜。

【賞析】這則文字以人的生前身後遭遇處境的巨大反差，對世俗愚昧進行了辛辣調侃，對世態炎涼人情冷暖做了犀利批判。

紅塵俗世，偏多這樣的現象：腰纏萬貫，拔一毛濟天下而不為，卻願捐重貲以修寺觀；見有人啼飢號寒而不顧，卻出重金辦道場以超度亡靈。一人生前，或窮困潦倒舉食維艱得不到濟助，或貧賤位卑而遭人冷眼欺凌，但在死後，祭奠者有之，跪拜者有之，接踵而來，時時不斷，靈位前，墳塋前，香煙繚繞，紙錢飄飄。

所以如此，倒不是以人死為貴，而是懼鬼來「作祟」，或祈神鬼保佑，用意昭然，仍是為我而非為他。神鬼無靈，若九泉有知，當不會健忘其生前所受諸苦。而豪橫者欺人自樂，富有者見貧不救，卻望被欺受貧者死後佑之，此也太過愚蠢！敬鬼神不如修人事，奉勸世人多些俠肝義膽，多些仁者之心，扶助弱小，濟貧幫困，積善成德，自然會福壽綿綿。

三九

蝶為才子之化身，花乃美人之別號。

【語譯】蝴蝶是才子的化身，鮮花是美人的別號。

【賞析】要領悟這兩句話的含義，必須先把握蝴蝶與才子、鮮花與美人究竟有哪些相近的特點。

才子富於才情，風流不羈，瀟灑倜儻，才子愛美人，而蝴蝶的翩翩起舞，自在飛翔，多在花叢中以花為伴，這不更像是才子的化身？莊周的夢為蝴蝶，良有以也。而以花作美人的別號，以花喻美人，則由來已久，不難理解。花的艷麗、多姿、嬌美、芳香，唯美人近之，以花稱代美人，為美人的別號，自然而然。

四〇

因雪想高士，因花想美人，因酒想俠客，因月想好友，因山水想得意詩文。

【語譯】因為白雪想到隱士，因為鮮花想到美人，因為醇酒想到俠客，因為明月想到好友，因為山水想到得意的詩文佳作。

【賞析】作為一種心理現象，聯想活動能夠發生，與被聯想物之間具有一定的聯繫，或某些相近的特徵，是必要的前提。這則文字所說的由雪、花、酒、月、山水分別聯想到高士、美人、俠客、好友、得意詩文，正在於它們彼此之間具有著割不斷的關係與相通的特性。

雪潔白純淨，與避世隱居不與濁世同流合污的高士相通；鮮花嬌美艷麗，與婀娜多姿光彩照人的佳人相通；酒使人想起豪氣爽快、重然諾、扶助弱小、打抱不平的俠士；明月皎潔令人想要與慣在一起賞月唱和的友人再聚；而名山勝水自身充滿詩情畫意，為天工巧構的傑作，這讓人自然想起奪天工驚鬼神的絕妙詩文創作。

這則文字中所涉及的內容，非張潮獨創，而為人多所言及。也許正因約定俗成，其聯想更具有經典意味。

四一

聞鵝聲如在白門❶；聞櫓聲如在三吳❷；聞灘聲如在浙江；聞騾馬項下鈴鐸聲，如在長安❸道上。

【注釋】❶白門　南朝宋都城建康城西門。西方為金，金氣白，故稱白門。後遂用為金陵的代稱。❷三吳　或指吳興、吳郡、會稽，或指吳興、吳郡、丹陽，或指蘇州、潤州、湖州。❸長安　今西安。

【語譯】聽到鵝叫聲彷彿身在金陵，聽到搖櫓聲彷彿身在三吳，聽到水拍灘頭的聲音彷彿身在浙江，聽到騾馬頸下的鈴鐺聲彷彿走在長安古道。

【賞析】與上則文字一樣，這則文字所寫也屬於聯想一類。金陵多鵝；三吳水鄉舟多；浙江有錢塘江潮，濤擊灘頭；長安古道以騾馬為主要交通工具。於是，鵝聲、小舟欸乃聲、濤擊灘頭聲、騾馬鈴鐺聲也分別成為白門、三吳、浙江、長安道上各自獨特又顯著的景觀，並好像成了它們各自的象徵。而無論有無到過這些地方，是否身在其地，當夜深人靜時，一旦這些聲音傳入耳中，很自然聯想到其地，並會有身臨其境、身在其中的感覺。這正如在熟悉的聲音中回到往事，又如故地重遊時腦海裡自然浮現出在此曾經發生過的一切，都很自然、很正常。

四二

一歲諸節，以上元為第一，中秋次之，五日、九日❶又次之。

【注釋】❶五日九日　指農曆五月初五端午節與九月初九重陽節。

【語譯】一年中的各種節日，當推上元節為第一，中秋節為第二，端午、重陽節又在其後。

【賞析】一年之中有許多節日，節日又有大小之別。而何者為大，何者為小，哪些節日在人們的心目中更受重視，這由諸多方面因素決定，但其表現卻只有一點：約定俗成。如以春節為一年最隆重的節日，普天同慶，在中華民族，幾無例外。具體到不同的階層、不同的個人，則對節日的感受各有區別。如每個人有自己的具體愛好，文人、商人、軍人各有自己的審美傾向，這樣，形式上的隆重與否與個人心中的分量輕重便出現不一致的情況。張潮這裡對一年諸節的次序排列，便首先是他內心對諸節日不同地位的具體評價。

上元節為民俗頗為看重的一個節日，鬧花燈是當夜最大的節目。詞人辛棄疾〈青玉案·元夕〉具體描寫了鬧燈盛況。就氣氛的熱鬧言，它較春節有過之而無不及，推此節為第一，不無道理。中秋月圓，取其圓滿之意，傳說為闔家團圓的日子。此夜賞月為主要節目。據南宋孟元老《東京夢華錄》載：「中秋夜，貴家結飾臺榭，民間爭占酒樓玩月。」明人田汝成《西河游覽志餘》載：

「是夕，人家有賞月之燕，或擕榼湖船，沿游徹曉。蘇堤之上，聯袂踏歌，無異白日。」這可見古來中秋賞月風氣之盛。以中秋排第二，也有其根據。端午節無論是祭祀屈原還是其他，節日中賽龍舟、食粽子、飲雄黃酒、掛香袋、戴荷包、插菖蒲、鬥百草及採藥等諸多活動，可謂豐富多彩；重陽節登高野遊、賞菊、放風箏、佩茱萸、食蓬餌、飲菊花酒，如同端午具有意趣，也都帶點神話浪漫的色愫，將此二節排在中秋之後，列於三、四位次，也在情理之中。張潮在一年諸多節日中獨選此四節，自是出於他情有獨鍾；另方面，也確實是基於民俗習慣，代表了眾人的看法。

四三

雨之為物，能令晝短，能令夜長。

【語譯】雨，能讓白天變短，讓黑夜變長。

【賞析】雨天天亮晚而天黑早，作為一種自然現象，在今天看來，似乎既容易理解，也無足掛齒，因為它並沒有給人的工作、生活帶來太多的不便——晚間用電照明，華燈齊放，如同白晝。但在尚未用電照明的古代，卻就大不一樣了。因為下雨陰暗，白晝變短，許多工作受時間限制而無法繼續，陰雨帶來的過早的黑暗或過晚的白天，並影響到人們的生活。張潮對這一現象如此重視，將它專門拈出，正說明它在當時的不同一般，對當時人們的生活所產生的重要影響。

四四

古之不傳於今者，嘯❶也，劍術❷也，彈棋❸也，打毬❹也。

【注釋】❶嘯　嘬口發出的清越的聲音。為古人所擅長的一種技藝。《魏氏春秋》載：「籍乃嘐然長嘯，韻響寥亮。蘇門先生乃逌爾而笑。籍既降，先生喟然高嘯，有如鳳音。」❷劍術　擊劍的技術。❸彈棋　漢魏已有的一種博戲。❹打毬　騎在馬上的一種打球遊戲。

【語　譯】古代盛行而在今天不傳的，有嘯、劍術、彈棋、打毬。

【賞　析】物競天擇，適者生存，按進化論的見解講，優勝劣汰，人、物皆然。從文化藝術的承傳、發展來講，文化藝術總是在汲取前人成果的基礎上，不斷更新、不斷嬗變。有的東西在今天其原始形式已不能再見，它或化為營養，滋生了新的形式；或變革改進，成了另一種東西，作為一種文化積澱，它已經永生。也正是因為有了嘯、劍術、彈棋、打毬的存在，今天的聲樂、劍術、棋類、球類才愈見高超、發達。所以，張潮這裡所說的「不傳」縱然是「事實」，卻未道中根本。在他作為古人，不懂得事物發展的客觀規律，不懂得事物內部演進的固有特質，我們不必做過多的苛責。

四五

詩僧時復有之，若道士之能詩者，不啻空谷足音❶，何也？

【注釋】❶空谷足音　空谷，空曠的山谷；足音，腳步聲。比喻難得的音信或言論、事物。

【語譯】能夠做詩的僧人經常可以見到，像道士能夠做詩的人，卻極為難得，這是什麼原因呢？

【賞析】「詩僧時復有之」，這是事實；「道士之能詩者，不啻空谷足音」，卻有違實情。在古代典籍中，道士詩並不少見，歷代都有。惟與僧詩相較，道士詩顯得量少質差。

在我們看來，僧、道詩相比較，最主要的還在於質量懸殊、無法比肩。僧詩不乏佳作，而道士詩稍有稱道者，已是「空谷足音」。為什麼會出現這種差別？這恐怕與禪、道二家的特質有關。詩與禪不乏相通之處，都講究內心體驗，都注重啟示與象喻，都以追求言外之意為旨歸，如此，禪的影響詩歌創作、詩人以詩的形式參禪談玄，便有了發生的基礎。在古代詩歌史上，不僅塵俗詩人以詩表現禪趣、揭示禪理，更有大量僧人寫詩談禪或抒寫其人生體驗。寫詩，遂為許多文化僧人所擅長。道教經典中固不乏與文藝理論相關的內容，但其更注重的是清修或從事齋醮活動，追求長生不老，它與音樂或許有更多的因緣，而與詩歌，實在缺少溝通的基礎。因此，道士為詩者少，其詩作缺乏韻味、意象，不為人稱賞，便成為必然。

四六

當為花中之萱草❶，毋為鳥中之杜鵑❷。

【注　釋】❶萱草　又名鹿蔥、忘憂、宜男、金針花。多年生宿根草本，葉子狹長而叢生，夏秋間開花，花呈漏斗狀。有橘紅、橘黃諸色。❷杜鵑　鳥名。又稱子巂、子規、鶗鴂、催歸。白居易詩有「杜鵑啼血猿哀鳴」句。

【語　譯】應當做花草中的萱草，不要做鳥中的杜鵑。

【賞　析】生活在封建專制的時代，人們或以政治高壓而有履冰之危，或以人情澆薄、世態險惡而生恐憂之心。憂國憂民憂時傷世憂己憂親，憂愁之多，令人有如重負在身，心力枯竭。而解脫憂愁，從憂慮的困境中超出，遂為人們所神往渴慕。「忘憂草」名曰忘憂，傳說能解人憂愁，於是，種植此花成了罹憂者的理想寄託；而吟詠此花，也成了詩人企圖排解憂愁的一種手段。張潮這裡所說的「當為花中之萱草」，蓋也希望有以助人，為人分憂，這一動機是美好而善良的。

而張潮所以說不做鳥中的杜鵑，在於杜鵑恰與萱草相反。萱草使人忘憂，杜鵑則增人哀感。據《文選・蜀都賦》劉淵林注引《蜀記》：「昔有人姓杜名宇，王蜀，號曰望帝。宇死，俗說云：宇化為子規。子規，鳥名也。蜀人聞子規鳴，皆曰：望帝也。」又《爾雅翼・釋鳥二》說：「子鶵出蜀中，今所在有之，其大如鳩。以春分先鳴，至夏尤甚，日夜號深林中，口為流血。」杜鵑啼聲，在歷來詩人的筆下，都是一種哀感淒楚的意象，如唐代詩人杜甫〈杜鵑〉中說：「杜鵑暮春至，哀哀叫其間。」吳融〈子規〉詩中說：「他山叫處花成血，舊苑春來草似烟。……湘江日暮聲淒切，愁殺行人歸去船。」宋詩人辛棄疾〈定風波．百紫千紅過了春〉詞中說：「百紫千紅過了春，杜鵑聲苦不堪聞。」洪炎〈山中聞杜鵑〉詩中說：「山中二月聞杜鵑，……啼鳥區區白流血。……言歸汝亦無歸處，何用多言傷我情。」人生憂苦已多，既然杜鵑令人增憂，給人愁上添愁，其不為時人所喜可知。這也正是「毋為鳥中之杜鵑」的命意所在。

四七

物之稚者皆不可厭，惟驢獨否。

【語　譯】幼小的動物都不讓人討厭，只有驢除外。

【賞　析】在中國古代，驢不僅是人們主要的生產工具，還是重要的交通工具。但說來也怪，儘管有如此作用，驢卻並不為人所喜愛。俗話有驢頭驢臉、蠢笨如驢、驢脾氣、驢不知自醜等等說法，都表現了這種傾向。民俗中十二生肖，有鼠、牛、虎、兔、龍、蛇、馬、羊、猴、雞、狗、豬，也獨獨沒有驢之一種，又稱人屬驢，則為詈詞。

為什麼會出現這種局面，這首先恐怕與驢的生相、習慣有關。驢臉長而醜、笨而缺少靈氣、性情倔強固執；又與民俗禁忌不無關涉；如安徽一帶，忌諱夜間聞驢叫，以為這是將有災病的徵兆。《廣陽雜記》中說：「驢叫似哭，馬嘶如笑。」可見驢鳴深為人所厭聞。

由此我們還想到，為人有各種風格，強求一律，固可不必，陋習與缺點，則當克服。「驢脾氣」要不得，不然，驢的遭遇，在所難免。而用人者也切忌以貌取人，否則，「卸磨殺驢」這用於諷刺過河拆橋者的成語，將非他莫屬。

四八

女子自十四五歲至二十四五歲，此十年中，無論燕、秦、吳、越❶，其音大都嬌媚動人，一覩其貌，則美惡判然矣。耳聞不如目見，於此益信。

【注釋】❶燕秦吳越　古地名。燕為河北省的代稱。秦為陝西省的習稱。吳為江蘇省吳郡的別稱。越多指浙江紹興一帶。

【語譯】女性從十四五歲到二十四五歲，這十年中，無論是燕、秦人還是吳、越人，她們的聲音大都嬌媚動人。看到她們的相貌，才會分出美麗或醜陋。耳聽不如眼見，由此更讓人信服。

【賞析】這則文字以人聲與貌的不能一致，聽與見的不相統一，說明了事物的眼見為實這一道理。

其實，聲音與相貌不一致，存在差別，這也只是自然現象；而在現實生活中，「聞聲不如見人」、「聽景不同於看景」，更在在皆是。

以景論，如人說某山某景極佳，從談者來說，如果由他的眼睛親見，為其親身經歷所感，符合他個人的審美標準，其誇說描繪的景觀則無疑是真實的；若出於道聽途說，便不免有以訛傳訛的成分，名與實就很難完全一致。因此，要判斷所聽來的東西是否當真，以及是否與自己的感受相同，便必須實地觀光，因為其一，審美存在個人趣味的差異，別人看好的自己未必入眼；其二，親自領略也可以避免訛訛相傳帶來的失真。

再以人論，有的人善於標榜、偽裝，其外在聲名也許極盛，口碑極佳，而一旦與他長期相處，識破了其廬山真面目，便會發現盛名之下其實難副，甚至名實迴異，截然兩樣。識人是一門大學問，本就不易，若僅由耳聞，不去目睹，不做實地考察，所識非人，便在所難免。「耳聞不如一見」，堪稱為人生至理名言。

四九

尋樂境乃學仙，避苦趣乃學佛。佛家所謂極樂世界者，蓋謂眾苦之所不到也。

【語譯】要尋求快樂的境地，便去學習道家的修仙；要逃避苦惱煩憂，便去學習佛家的修佛。佛家所說的西方極樂世界，大概就是所說的沒有痛苦的地方。

【賞析】道教與佛教有不同的理論與追求。

道教宣揚仙境，認為人得道成仙，便可以外生死，極虛靜，超脫自在，不為物累，在仙境過仙人無憂無慮的生活。

佛教淨土宗宣揚觀佛、念佛，以求往生西方極樂淨土。其經典《阿彌陀經》中具體描繪了極樂世界的美麗莊嚴。佛教又主空、淨，認為心淨則佛土淨，見性成佛，掃一切相，破一切執，修佛可以求得心淨，去除苦惱。

這則文字所論，正是立足於此。唯仙境與極樂世界，世無人見及，在此說的創始者，大概也只是作為一種理想藍圖，正如儒家提倡的大同。所以，修仙能否成仙，進入仙境；修佛能否成佛，往生極樂淨土，張潮也感到疑惑，增一「蓋」字，昭示了一切。

雖然如此，我們覺其仍不乏可取之處，如其提倡棄惡揚善，積善成佛；反對固執不知變通等等，對人砥礪情操、修心養性，過好人生，都不無借鑑意義。

五〇

富貴而勞悴❶，不若安閒之貧賤；貧賤而驕傲，不若謙恭❷之富貴。

【注釋】❶勞悴　憂勞憔悴。❷謙恭　謙遜恭敬。

【語譯】如果富有尊貴卻憂勞憔悴，倒不如貧賤而自在無憂；清貧位卑卻驕傲自大，倒不如富貴而謙遜有禮。

【賞析】這則文字乃針對現實有感而發，絕非泛泛而談，讀者也不可單從表面文字去作理解。

在現實生活中，不乏這種情況：有的人富有而位尊，但富有位尊成了他唯一的也是最高的追求，在他，只是被富貴役使，為了富貴，犧牲了生活的樂趣，犧牲了家庭人倫的快樂；為了富貴，不擇手段，損人利己，自私自利到了極點。又有一種人，雖然貧困位卑，卻既保貞素，堅持做人的原則，又心安理得，身心愉快，無憂無慮，清靜自在。張潮認為，若要在二者中作出選擇，他會擇取後者。

在為人處世方面，也有兩種人：一種是貧窮位卑，卻不能保有一顆平常心，在他，貧窮位卑倒成了驕傲誇耀的資本，以此去顯其清高；這種人，同樣為位卑貧窮所役使，不能心安，也不得閒適。另一種人，雖然富有尊貴，卻不以此掛懷，既不自炫，也不傲人，心態平淡，不驚不憂。

在這兩種人中，張潮所讚賞的是後者。

從以上分析可以看出，為張潮所推崇的，是安閒謙恭，得自然之趣。生命原本無高下，能夠自得、自適、心安理得、不為物累物役，這才是首先應該追求的。

五一

目不能自見，鼻不能自嗅，舌不能自舐，手不能自握，惟耳能自聞其聲。

【語　譯】眼睛不能看到自己，鼻子不能嗅到自己，舌頭不能舔到自己，每一隻手都不能把捉自己，唯有耳朵能夠聽到自己的聲音。

【賞　析】此則文字在字面上談的都是自然生理現象，但它與人生命有相通的道理。所謂當局者迷，每個人都有自己的局限，對自己的缺點習而不察，不足為怪。但另一方面，缺點終歸缺點，贅疣不能當桃花。發揮耳朵的長處，虛心傾聽別人的意見，自能發現個人失察的各種問題，從而改正錯誤，不斷完善自我，提高自己。而故步自封，妄自尊大，固執己見，自以為是，剛愎自用，聽不進別人的批評，則對自己有百害而無一益。這是這則文字所給予我們的重要啟示。

五二

凡聲皆宜遠聽，惟聽琴則遠近皆宜。

【語譯】大凡聲音都宜於遠處聽，只有琴聲遠近都適宜。

【賞析】聲有多種，如王名友評中所舉，即有：松濤聲、瀑布聲、簫笛聲、潮聲、讀書聲、鐘聲、梵聲、琴聲、度曲聲。對聽者來說，有些聲音，太遠則不能聞；有些聲音，太近則喧囂嘈雜、讓人欲聾；有些聲音，雖遠聞近聽都可，但韻味迴異，感覺懸殊。而如何把握遠近之度，對欣賞聲樂，至關重要。張潮認為，聲大多宜於遠聽；而聽琴，則遠近皆宜。對此，嫻於聲樂的朋友自有深刻的體會。

五三

目不能識字，其悶尤過於盲；手不能執管，其苦更甚於啞。

【語譯】長了眼睛卻不認得字，這種煩悶遠超過雙目失明；生有兩手卻不會寫字，這種苦惱更超過啞巴。

【賞析】文字的發明是人類一大進步。有了文字，人類歷史有了傳播的載體，文化得以累代承傳。對具體的人來講，能認識文字，可以上下五千年，了解歷史、接受前人的文化科學成果；可以及時掌握各種最新的信息、學習最新的知識。而能寫文字，可以增加人與人的交流；著書立說，可以記錄下自己的思想認識，表現自己的思想情緒。總之，文字給人類帶來了發展與便利。但文字發明以後，則為統治階級專用，黎民百姓很難獲得學習文字的機會。但文字是全社會的普遍需要，勞動人民同樣有思想、感情，有求知的欲望，有文化的追求。他們有眼不能識字，有書不能讀；有手不會寫字，感情情緒得不到宣洩，其痛苦較之目盲不能見物、口啞不能說話，有過之而無不及。張潮能體會出不識字、不會寫字者的苦惱，訴之於文字，替他們道出了渴慕識字、要求掌握文字的心聲。

五四

並頭聯句❶，交頸❷論文，宮中應制❸，歷使屬國❹，皆極人間樂事。

【注釋】❶聯句　古代做詩的一種形式。賦詩時人各一句或幾句，合而成篇。❷交頸　兩頸相依，多用於比喻夫婦親愛。❸應制　應皇帝之命而作。古代詩文有以應制為題者，均屬此類。❹屬國　附屬國家。

【語　譯】頭靠頭對句做詩，頸靠頸偎依說文，宮殿裡應皇帝之命賦詩撰文，身為欽差大臣遍走附屬藩國，都是人世間最快樂的事情。

【賞　析】「並頭」兩句說的是詩文風流；「宮中」兩句說的是尊榮寵貴。這集中體現了古代文人的人生價值追求。在他們心目中，賦詩做文能顯才情，見高雅，是文人必備的素質。而才子配佳人，美人相伴，詩詞酬唱，奇文共賞，文彩風流兼得，最是愜意。但學富五車，才高八斗，也只是為了「學優則仕」、顯親揚名。能宮中應制，給君王做詩，為君王賞識，自不愁榮貴；至於身為欽差，代表天朝大國出使屬國，可謂風光至極。

惟詩窮而後工，溫柔富貴鄉中做出的詩文，不免浮靡綺艷，或雍容板滯，難得有傑作產生。六朝宮體與明初臺閣體是最好的例證。而文人為功名富貴所累，靈魂受戕害，人格遭扭曲，身心之苦，讓人嘆惋。章回小說《儒林外史》對此有生動的描繪，值得一看。

五五

《水滸傳》武松詰蔣門神云：「為何不姓李？」此語殊妙。蓋姓實有佳有劣，如華，如柳，如雲，如蘇，如喬，皆極風韻；若夫毛也，賴也，焦也，牛也，則皆塵於目而棘於耳者也。

【語譯】《水滸傳》中武松責問蔣門神說：「為什麼不姓李?」這句話很妙。因為姓氏確實有好有差，如姓華、柳、雲、蘇、喬，都十分雅致好聽；至於姓毛、賴、焦、牛，便都看起來不雅，聽起來刺耳。

【賞析】這則文字所引武松話出於百回本《水滸傳》第二十九回，非武松問蔣門神，而是問酒保：「過賣，你那主人家姓甚麼?」酒保答道：「姓蔣。」武松道：「卻如何不姓李?」原武松本意，無非是有意挑釁，以激蔣門神出來，好代為施恩打抱不平。張潮在這裡，則是斷章取義，借題發揮，來闡發他所謂的「姓實有佳有劣」的見解。其實，姓也只是表明家族系統的稱號，不同的姓雖有不同的文化內涵，卻沒有優劣之分。從語意學角度講，每個字均有多種義項，所謂的「佳」、「劣」，無非是由其中某一個義項產生了佳或劣的聯想，這就不免產生片面的錯誤認識。因此，對張潮的這一「理論」，我們不敢苟同。

五六

花之宜於目而復宜於鼻者，梅也，菊也，蘭也，水仙也，珠蘭❶也，蓮也；止宜於鼻者，橼❷也，桂也，瑞香❸也，梔子❹也，茉莉也，木香❺也，玫瑰也，臘梅也；餘則皆宜於目者也。花與葉俱可觀者，秋海棠❻

為最，荷次之，海棠❼、酴醾❽、虞美人❾、水仙又次之；葉勝於花者，止雁來紅❿、美人蕉而已；花與葉俱不足觀者，紫薇⓫也，辛夷⓬也。

【注釋】❶珠蘭　金粟蘭的統稱。花小，呈黃色，有香味。❷櫞　即枸櫞。又稱香櫞、香圓。味不甚佳而清香襲人。❸瑞香　花名。其大者名錦薰籠。❹梔子　常綠灌木，仲春間開白花，花甚芳香。❺木香　薔薇科落葉灌木，蔓生。初夏開小花，色呈白或淡黃，香濃而甜。❻秋海棠　葉子斜卵形，葉背和葉柄帶紫紅色，秋季開花，花淡紅色。❼海棠　葉呈卵形或橢圓形，花白色或淡粉紅色，春季開花。❽酴醾　花名。以色似酴醾酒，故名。有二品，一種花大，棘長條，紫心，為酴醾；一品花小而繁，小枝而檀心者，為木香。❾虞美人　草名。別稱麗春花、錦被花等。花呈紅、紫、白等色，形態美麗，供觀賞。❿雁來紅　草名。又名後庭花。莖葉類雞冠，呈黃、紅、紫、綠等色，葉腋生小黃花。⓫紫薇　一名百日紅，四五月開花，花期延及八九月，故名。又名滿堂紅、怕癢花、猴刺脫。赤莖，葉對生，一枝數穎，一穎數花。紫色之外，又有紅、白二色。⓬辛夷　香木名。樹高二、三丈，葉似柿葉而狹長，花似蓮而小盞，色紫，香氣馥郁。

【語譯】花卉中既美觀好看而又芳香宜人的，有梅、菊、蘭、水仙、珠蘭、蓮。僅止於芳香的，有枸櫞、桂、瑞香、梔子、茉莉、木香、玫瑰、臘梅。其餘的都僅是好看而已。花與葉外觀俱美的，秋海棠第一，荷其次，海棠、酴醾、虞美人、水仙又其次。葉比花好看的，只有雁來紅、美人蕉而已。花與葉都不耐看的，有紫薇、辛夷。

【賞析】張潮堪稱善於賞花者。這則文字即專談賞花品花。從品賞的角度，作者認為花有諸類：一是花卉本身，以色、香為衡量標準，可分三種：既有迷人的外觀，又有濃郁的芬芳，此謂之「宜於目而復宜於鼻者」；而外觀既不顯眼，卻芳香醉人，此謂之「止宜於鼻者」；此外就是花態炫人的一種。二是從花與葉的比襯來看：有的花葉相映，交相生輝，「花與葉俱可觀者」；有的葉比花更引人注目；再有就是花與葉都不足觀的。從這些類比歸屬與各種花卉的位次排列，不難見出作者在花木鑑賞方面的造詣精深。而這些文字，也為我們欣賞花木，提供了具體門徑。

五七

高語山林者，輒不喜談市朝❶事。審若此，則當並廢《史》、《漢》諸書而不讀矣。蓋諸書所載者，皆古之市朝也。

【注釋】❶市朝　市，古代交易買賣的場所。朝，古代官府治事的處所。後多用市朝指爭名爭利的俗世。

【語譯】高談闊論山林隱逸的人，往往不喜歡談名爭利奪的事情，果真這樣的話，便應該廢棄《史記》、《漢書》等書不去讀它。因這些書所記載的，都是古代俗世社會爭名奪利的事情。

【賞析】古人曾說：「空破情根，必先走入情內；走入情內，見得世界情根之虛，然後走出情外，認的道根之實。」從這一角度講，古代的大隱，其所以走出市朝，不同流合污，保其素貞，正在於他們從污濁的現實中來，充分認清了社會的本質，又深深厭惡其中的爾虞我詐，才毅然決然地走向隱逸，應該說，高隱們對現實社會，都有著入木三分的認識，如此，其隱退才是真隱，才不是以此標榜，為終南捷徑。明白了這個道理，我們便不難理解張潮這則議論中包蘊的含義。

顯然，張潮並不同意當時有人所說的山林隱者不了解人間紛爭這一看法，相反，他認為，山林隱逸不僅了解俗世紛爭，相比較，他們比俗世中人了解得更透徹、更深刻。而作《史記》的司馬遷，作《漢書》的班固，身雖在俗世之中，但是因為他們對俗世社會有著清醒精闢的認識，他們較之那些身在江湖心懸魏闕的假隱者，更有隱士的素質。張潮的這一駁論，可謂擲地有聲，字字千鈞。

五八

雲之為物，或崔巍❶如山，或瀲灩❷如水，或如人，或如獸，或如鳥毳❸，或如魚鱗。故天下萬物皆可畫，惟雲不能畫。世所畫雲，亦強名耳。

【注釋】❶崔巍　高峻貌。❷瀲灩　水波蕩漾貌。❸鳥毳　鳥的細毛。

【語譯】雲有時像巍峨的高山，有時像水波蕩漾的湖水，有時像人，有時像獸，有時像鳥的細毛，有時像塊塊魚鱗。所以天下萬物都可以摹繪，只有雲畫不出來。世上所謂的畫雲，也只是勉強地說是雲罷了。

【賞析】這則文字對「雲」的種種描述，可見出作者對自然造化的細微體察，這也是畫家應當具備的素質，清初復古派提倡摹寫古人名畫，師古人而不師造化，張潮這裡從自然體察入手談畫，與此截然不同。惟其所謂的「惟雲不能畫。世所畫雲，亦強名耳」，不免幼稚、偏激。

繪畫源於自然、生活，又高於自然、生活。任何畫幅都不能窮盡世界事物的萬象，畫雲也如此。繪畫的成功，形似固然重要，而能否傳神，及再現出物的本質、精魂，則更顯關鍵。南齊謝赫所說的「窮理盡性，事絕言象」，便是指要研究掌握對象的本質規律，爾後再從事創作。蘇東坡〈書鄢陵王主簿所畫折枝二首〉中說：「論畫以形似，見與兒童鄰。」說明了斤斤於形似的膚淺。沈括說：「書畫之妙，當以神會，難可形器求也。世之觀畫者，多能指責其間形象位置，彩色瑕疵而已；至於奧理冥造者，罕見也。」批評了世間品畫者拘泥於形似。張潮所論，無疑正犯了這樣的錯誤。

五九

值太平世，生湖山郡，官長廉靜，家道優裕，娶婦賢淑，生子聰慧，人生如此，可云全福。

【語譯】遇到太平安定的盛世，生活在有山有水的地區，地方官廉潔公明，不擾百姓，自己家境富裕，娶妻賢慧端莊，所生子女聰明伶俐，人生能夠這樣，可說是美滿幸福。

【賞　析】此則文字主要為「人生全福」一詞作出具體的內涵界定。

從作者所舉的六個方面看，有著突出的共性，即無論哪個方面，均涉及到人的生存環境與空間：太平世為社會時代環境（大氣候）；湖山郡，為生存地理環境；官長廉靜，為地方政治環境（小氣候）；家道、娶婦、生子為具體家庭環境。而無論是大環境抑或小環境，無論是物質經濟等硬體還是時代政治等軟體，均與人生息息相關。由此看出，時代所給予作者的影響是如何重要。

作者生活在順康時期，清初動蕩的政局不可能不在他少年的心中投下陰影。他深知亂離之苦，對太平安定分外看重，故舉「值太平世」為人生全福之首。又封建社會吏治腐敗，官貪吏污現象嚴重，官吏滋事擾民普遍存在，作者深知，沒有「官長廉靜」，人生全福也很難實現，故也將此列入其中。至於能生「湖山郡」，固是文人性喜山水的雅好；「家道優裕、娶婦賢淑、生子聰慧」，則為世人共同觀念，不必贅言。

六〇

天下器玩之類，其製日工，其價日賤，毋惑乎民之貧也。

【語　譯】世上供人賞玩的器皿，它們的製作加工越來越精細，價錢卻越來越低賤，也就難怪百姓更加貧窮了。

【賞析】清玩器皿製作愈趨精細，製作者所投入的勞動自然愈多，在這樣情況下，價值不能提高，而是下降，收入遠不能與投入等值，勞動者的貧窮便成為必然。

為什麼會出現這種現象？原因無非是供大於求。或是盲目生產，貨物過剩；或是購買力低下，社會需求消費量太小。從明清之際的社會情況看，後者更顯重要。

如果社會貧富差距嚴重，金銀貨幣集中於少數人手裡，而這些人作為剝削者，不僅在生產過程中剝削勞動者，在商品流通中再加盤剝，如此，財富更集中於他們手中。在貧民百姓，糊口已是不易，購買玩器則更視為奢望。既然有錢階級依恃有錢而壓價，無錢者為生活不得不賤售勞動成果賴以維生，社會便在惡性的怪圈中反覆地作畸形循環。貧者愈貧，富者愈富，貧富對立勢必愈加激化，最終會引發被壓迫者的抗爭。

六一

養花膽瓶❶，其式之高低大小，須與花相稱；而色之淺深濃淡，又須與花相反。

【注釋】❶膽瓶　長頸腹大的花瓶，以形如懸膽，故名。

【語　譯】養花用的膽瓶，它的高低大小，一定要與所插花的高低大小成比例；它顏色的深淺濃淡，又一定要與花的顏色相反。

【賞　析】在美學分析的角度上，極講究適應、整齊、對稱等，因這些因素直接關乎審美的成敗，對審美至關重要。就插花來談，這也是一種審美活動，插花者是否具有美學細胞，從他對花與花瓶的選擇以及花瓶與花在大小、顏色的搭配上，便頗能看出。這則文字所論，可謂當行。張潮對插花的在行及其出色的審美眼光，在此得到了具體體現。

花瓶須與花的高低大小相稱，多大的容器能容納多大的花卉，這是必須注意的。否則，以碩大的花瓶插上株細瘦的小花，或小巧的花瓶插上株花繁葉茂的大花，都讓人感到滑稽、不相和諧，這樣，即使花與花瓶作為局部再怎樣的美，也無法讓人產生美感。

再從花瓶與花的顏色搭配上看，同樣很有講究。而這裡所說的「相反」，顯然是理想的選擇。唯相反，才能以色差形成鮮明對比，相互映襯，更見艷麗；唯相反，才不致於喧賓奪主，進而突出重心。

張潮所論，當然是經驗之談，喜歡插花的朋友不妨如法一試，自會見其效果。

六二

春雨如恩詔❶，夏雨如赦書❷，秋雨如輓歌❸。

【注　釋】❶恩詔　古代指帝王降恩的詔書。❷赦書　免除罪犯罪行的文書。❸輓歌　古人送葬，靈柩前有挽郎執紼前行，唱〈薤露〉、〈蒿里〉等哀歌。

【語　譯】春雨如帝王降恩的詔書，夏雨如赦免犯人罪行的文書，秋雨如送葬所唱的哀歌。

【賞　析】這裡連用三個比喻，分別形容春、夏、秋雨。比喻使用得精妙，自能產生意想不到的效果，可以使抽象乾癟的東西變得形象具體，可以讓死的東西變得精靈活脫。而如何才能使用精當，這便要求比喻與被比喻物之間，必須具有某種聯繫、某種可比性。從這則文字所用比喻來看，春雨與恩詔、夏雨與赦書、秋雨與輓歌，雖不能等同，有質的區別，但也絕對具有相近相通的特徵。

俗話說春雨貴如油，極言春雨的難得、珍貴，而封建帝王高居龍庭，金口玉言，其能降恩頒旨，或減租免稅，或徵召在野下臣，對百姓、對外放或失志被遣的臣下，無疑如久旱遇甘霖，以恩詔喻甘霖，可謂妥帖。

夏季盛暑，熱浪熏人，對沒有現代化製冷製風設備的古人來說，其難熬的心理不難想見。當此際，他們祈盼的就是大雨傾盆而下，能帶來些許涼意，從而舒緩一下盛暑造成的疲憊。這情景，倒真有點像帶罪或鋃鐺在監的犯人企盼赦罪的詔書降臨，希望重返大自然中感受八面來風、呼吸新鮮的空氣、享有充分自由。以赦書喻夏雨，也不無道理。

秋風蕭瑟，在秋風秋雨中，樹上枯葉激響，如泣如訴，一場秋雨一場涼，隨著秋雨的接連降落，寒冬步步逼近。秋雨時節，讓人感到寒意，讓人萌生淒苦的意緒，這與輓歌的淒切悲怨不乏相通之處，以輓歌喻秋雨，也可以說精妙。

當然，任何比喻都是跛腳的，都有不盡合理的地方。作為一種藝術手段，只要它能夠貼切自然，造成具體形象的藝術效果，它便已經完成了自己的使命。

六三

十歲為神童，二十三十為才子，四十五十為名臣，六十為神仙，可謂全人矣。

【語　譯】十歲的時候是個神童，二十三十的時候是個才子，四十五十的時候是個名臣，六十歲的時候是個活神仙，可以說是圓滿無缺的人生了。

【賞　析】前文張潮曾談到全福，所包括的內容側重在人生活於其中的各種環境；這裡談全人，則都圍繞人生自身。

終人的一生，從自然年齡可劃分幾個階段，即：童少年、青年、中年、老年。不同的階段，有著不同的表現，其所謂最佳的含義也便有了區別。童少年以天資聰穎的神童為最佳；青年以才情卓爾、風流倜儻為最優；中年以功業卓著、英名遠揚為極致；老年人最令人羨慕的便是頤養天年、無牽無掛、快活自在。但能否為神童才子，一靠天賦資質，二靠後天培養教育，非人人都能具備這些條件；能否為名臣，才幹固然重要，機遇也不可缺少，而專制時代用人唯親更使朝中無人者望而卻步，難以有所作為；老而為神仙，更需要多方面條件保證，非一廂情願能成。可見，這些人生理想雖然美好，「人孰不想」，但好事難全，人生「難得有此全福」（楊聖藻評），所以「全人」之說，在作家，只能是白日夢囈；在凡人，只能是不切實際的幻想。

其實，人生的極致倒並不在於這裡所說的全人種種，能夠做一個有道德、有學問，對社會有貢獻，不虛度年華的人，便可為自己的人生畫上圓滿的句號了。

六四

武人不苟戰，是為武中之文；文人不迂腐，是為文中之武。

【語　譯】武人能夠不輕率地去打仗，這便是武夫中的文人；文人能夠不固執迂闊，這便是文人中的武將。

【賞　析】武將有兩種：一種是魯莽、有勇無謀。這種人在古代小說中多有出現，如張飛、李逵、程咬金、牛皋、焦贊、孟良等等都是。另一種乃智勇雙全，有勇有謀，還舉古小說的例子，如趙雲、關羽、宋江、岳飛等等，在在都有。翻檢正史，同樣不乏其人，不乏其例。而在這兩種人中，張潮讚賞的不是勇而無謀徒知逞匹夫之勇的赳赳武夫，而是智勇雙全大智大勇的將帥。而用來衡量兩種人的標準則是看其對待戰爭的態度，看其能否「不苟戰」，不以好殺為樂事。戰爭乃不得已而為之事，出於保衛國家，是民族英雄；為反抗壓迫而戰，是民主鬥士；出於一己之私或為某個人、某家族的利益，為民族國家的罪人。這裡所稱道的「不苟戰」者「為武中之文」，即是說作為將帥，要有正確的判別能力，要為正義而戰，有備而戰，知己知彼而戰。

文人也有兩種，一種是迂腐文人，盡信書本，自恃多讀了幾本古書，處處不離「子曰詩云」，一切以書本為依據，不解世故，不知變通，固執死板，又剛愎自用，自命清高。另一種人博覽群書，滿腹經綸，讀盡書而能不盡信書，世事洞明，人情練達，對事有思想，有見地，辨事能決斷、有分寸。在這兩種「文人」中，作者讚賞的是後者，許之為「文中之武」。四句話論盡了文人、武將的種種。張潮可說是「文中之武」。

六五

文人講武事，大都紙上談兵；武將論文章，半屬道聽塗說。

【語　譯】文人談論軍事，大多是紙上談兵；武將評說文章，多半是道聽途說。

【賞　析】讀過《三國演義》的多知道有一個失街亭的馬謖，此人「自幼熟讀兵書，頗知兵法」。但終於因街亭丟失被斬。推究他街亭之失的原因，正在於雖能紙上談兵，誇誇其談，而於實際作戰，並不了解，只知照搬，不知靈變，因而不能適應戰爭的實際需要。雖然如此，馬謖畢竟隨軍多年，對戰爭尚有點滴感受，相比之下，僅僅讀了幾本兵書或只念了幾句兵法的文人，其所談兵，更只能是紙上談兵，於實無補。

文人談兵如此，武將論文，庶幾近之。古時文武分科取士，出身武科或由戰場拚殺起家的武將，其於文章一道，知之甚微。間有附庸風雅者愛好藝文，不無涉獵，也多不能系統研習，深切揣摩，縱能偶稱雅興，吟詩作文，對於文章的遞嬗、演變以及種種章法、技巧，卻不甚了了，其論文，只能是一知半解、人云亦云，難有個人的獨特精到的見解。

當然，張潮的這一總結也不無片面處，正如吳街南評此條說：「今之武將講武事，亦屬紙上談兵；今之文人論文章，大都道聽途說。」武將不習武、不作戰，便也不免紙上談兵；而文人視八股外概為雜覽，八股以外一無所知，其論文，也只能是道聽途說。

六六

斗方❶止三種可存：佳詩文一也；新題目二也；精款式三也。

【注釋】❶斗方　書畫所用的一尺見方的單幅箋，也指一二寸見方的冊頁書畫。

【語譯】斗方只有三種可取：好詩文是一；新穎的題目是二；精美的款式是三。

【賞析】古典小說名著《儒林外史》中曾寫到一批斗方名士，如趙雪齋、景蘭江、支劍峰、浦墨卿、匡超人等，並對他們的「雅集」、拈韻、寫斗方有具體的描繪。

對他們所寫斗方，由匡超人所見所感，作了介紹交代。如十八回景蘭江送斗方與匡超人，匡超人「看見紙張白亮，圖書鮮紅，真覺可愛，就拿來貼在樓上壁間」。又寫匡超人在接到斗方名士的邀約，準備赴會時，想到尚不會做詩，便買了本《詩法入門》，點起燈來看，「看了一夜，早已會了。次日又看了一日一夜，拿起筆來就做，做了出來，覺得比壁上貼的還好些」。由此可看出這批所謂的斗方名士作品的拙劣。

看了這些描寫，讀者印象中也許已經萌生了對斗方作品的不屑一顧的念頭。如此，卻未免片面且有失公平了。《儒林外史》所寫，僅是附庸風雅以此沽名的假詩人。其實，在中國古代，文酒詩會、詩人宴集唱和，是十分普遍的現象。宋代所掀起的集社之風，在明清更愈演愈烈。文人雅集，或結社唱和，相互切磋，探求詩藝，對提高創作水平，激發創作熱情不無助益；同時，對創作群體與創作流派的產生，也直接具有推動作用。而在他們的宴集唱和中，自不乏新穎的題目、出色的作品，這從各種別集中極容易見到。至於斗方的款式，其爭奇鬥艷，各標新異，也多能讓人賞心悅目。這在《紅樓夢》中有所透露。但斗方詩的值得稱道處，總不外張潮所說三個方面。

六七

情必近於癡而始真，才必兼乎趣而始化。

【語　譯】感情一定要接近痴迷方才真誠，才華一定要兼妙趣方才達到極致。

【賞　析】晚明出現了尚真崇情的思潮，他們張揚真情，又認為情的極致乃是痴癖，對痴癖多有鼓吹。如李贄自贊：「其心狂痴，其行率易。」湯太史稱「人不可無癖」。袁宏道稱「人不可無痴」。（均見吳從先《小窗自紀》轉述）張岱稱：「人無癖不可與交，以其無深情也。」（《瑯嬛文集》卷四）都表露了這一思想。這裡所說的「情必近於癡而始真」，正是對這種思潮的繼承。

對「趣」的提倡，也為晚明新人文思潮的重要內容。袁中道說：「凡慧則流，流極而趣生焉。天下之趣，未有不自慧生也。……至於人，別有一種俊爽機穎之類，同耳目而異心靈，故隨其口所出，手所揮，莫不灑灑然而成趣，其可寶為何如者？」具體到為人，如祝枝山、唐伯虎的狂狷，李贄的滑稽排調，徐渭的詼諧謔浪，王思任的好謔成性，多不勝舉，都體現了諧趣。

「趣」與矯情做作相對而每每與自然、個性、率真相關，故張潮所主張的才而必兼乎趣，實也為此新思潮之一脈。

六八

凡花色之嬌媚者，多不甚香；瓣之千層者，多不結實。甚矣，全才之難也。兼之者，其惟蓮乎？

【語　譯】大凡花的顏色嬌媚的，多數沒有濃郁的芳香；花瓣有多層的，大多不結果實。能夠兼備各種優點的全才太難得了。兼有這些優點的，恐怕只有蓮花吧。

【賞　析】花色嬌媚的多不甚香，花瓣千層的多不結實，鮮艷色澤與芬芳香味，千層瓣與結果實，在花的世界中極難兩全，這是自然現象，但它說明了一個問題，即全才難得。這個道理，用於人同樣成立。

尺有所長，寸有所短，正說明人或事有長處也有短處，並非任何時候任何地方都能適用。明白了這一點，我們對人便也不必過於求全責備，不必以己之長攻人之短，也不必因人有某種短處，而忽略或不用其所長。而能夠合理的使用人才，使有一技之長者都能發揮其擅長，人盡其才，才會對社會對事業有益。這是從事管理工作的人應該明白的道理。

六九

著得一部新書，便是千秋大業；注得一部古書，允為萬世宏功。

【語　譯】寫出一部具有獨特見解的書，便是做了件千古流芳的大事業；注解一部古人的書，也的確有著福澤萬世的大功勞。

【賞　析】古人說：「文章者，千古之大業，不朽之盛事」。又說：「太上有立德，其次有立功，其次有立言，雖久不廢，此之謂不朽。」對著書立說、立論著文，都給予了很高評價。這裡所說的「著得一部新書，便是千秋大業」，說的是同樣的意思。著作與文章，或探討治亂興衰的經驗教訓，或闡發社會歷史的發展規律，或講道德，或言法律，或論思想文化，或談科學教育，既給當前的社會以直接服務，又對未來發展做了文化積累，稱其為「大業」，並非溢美。

人類歷史的每一步發展，都以前代既有的成果為基礎，都汲取了前人的創造，包括思想文化科學技術種種，這是人所公認的事實。而前代諸多成就的具體表現，便在以文字為載體流傳下來的各種古書中。要學習繼承前人的成果，必須閱讀這些古書；要閱讀舊籍，首先便必須掃除文字障礙、讀懂領會。如此，為古書做箋注，就顯得格外重要。張潮所說的「注得一部古書，允為萬世宏功」，也正是從這一角度立論。

七〇

延名師訓子弟，入名山習舉業❶，丐名士代捉刀❷，三者都無是處。

【注釋】❶舉業　舊時專指為應付科舉考試所做的一切功課。❷捉刀　典出《世說新語・容止》。據載：曹操將召見匈奴使臣，嫌自己相貌欠威，讓崔琰冒充，他自己卻「捉刀」站立床頭。後也稱替人作文為捉刀。

【語　譯】延請名師來教授子弟，跑到名山去溫習科舉考試的學業，請名士代做文章，這三者都不可取。

【賞析】先說首句。「延名師訓子弟」，一來為家長望子成龍心切，希望子弟能有所成；二來可顯示家庭身分與經濟實力，以示與尋常不同。但其於實際或無大補甚或有害。子弟的學習收效，並不與師名的大小成正比，此其一；名師與學生懸殊太過，所授難以為學生所領悟，此其二。如此，有了名師，學生倒不能得循序漸進之法，由淺入深地系統掌握知識，甚而會因不能系統的學習，影響及以後對學業的接受。這可謂是弄巧成拙。

再說次句。名山風景秀麗，本身就是天造的一部絕妙文章、精美畫卷。遊覽山光水色，自能開闊胸懷，助人才思。所以，歷代詩人畫家對名山有著深摯的眷戀，往往從中尋找靈感，提取素材。但八股文則不同。詩文創作講抒寫性靈，講自然靈動；八股文寫作則要求代聖人立言，既不允許有個人見解，甚至忌諱「風花雪月字樣」。要精熟八股制藝，只須熟背墨卷，悉心揣摩。名山之中，則不免為自然山水感染，靈氣一生，便犯了八股文寫作的大忌。而入名山習舉業，則注定了其舉業的不能成功。

最後說「丐名士代捉刀」一句。「名士」風流瀟灑，才情出眾，其為文，也必個性鮮明，汪洋恣肆。但名士之文，因其過多地顯露了個性，一者往往不按規範，令其代作公文，不免有違體式，招上司之責；二者每每不能與主人的身分、聲氣、修養相吻合，極顯出請人代作的痕跡。這樣，「丐名士代捉刀」，自「無是處」。

七一

積畫以成字，積字以成句，積句以成篇，謂之文。文體日增，至八股❶而遂止。如古文，如詩，如賦，如詞，如曲，如說部❷，如傳奇小說❸，皆自無而有。方其未有之時，固不料後來之有此一體也；逮既有此一體之後，又若天造地設，為世必應有之物。然自明以來，未見有創一體裁新人耳目者。遙計百年之後，必有其人，惜乎不及見耳！

【注　釋】❶八股　又稱時文、制義、制藝等。明清科舉考試規定的文體。每篇有破題、承題、起講、入手、起股、中股、後股、束股八部分組成。題目主要摘自「四書」，論述須根據朱熹《四書章句集注》等書，不允許個人發揮。❷說部　泛稱小說。這裡似指筆記雜俎之類。❸傳奇小說　多指唐人傳奇以及其後用此體創作的小說。又稱明清長篇通俗小說。這裡似指後者。

【語　譯】由筆畫匯聚而成單字，由單字匯聚而成語句，由語句匯聚而成篇章，稱它為文章。文章體裁不斷豐富增加，到八股文便停止了。像古文，像詩，像賦，像曲，像說部，像傳奇小說，都是從無到有。當一種文體還沒有產生時，當然不會預料到後來會有這種文體，等到有了這種文體，又好像天造地設，是世界上一定會有的東西。但從明朝以來，沒有見到創造一種文體，讓人耳目一新的。估計在遙遠的百年以後，一定有創新體的人，遺憾的是來不及看到了。

【賞析】一代有一代的文學，如楚騷、漢賦、六朝駢文、唐詩、宋詞、元曲，各領一代之勝，勿庸贅言。從這一點講，這裡所講的，「遙計百年之後」，必有新體產生，點示了文學發展的必然。

但任何文學體裁的產生，又都有其基礎，絕不是空穴來風。正因此，也才會有一種新體產生後的「若天造地設，為世必應有之物」。對此，只要就文學史的發展稍作排比，便不難見出。

張潮的局限在於他只能感知文學體裁發展的必然，卻不懂得文體演進的內外在規律，所以他只能僅就字、句、篇等外在形式來談文體的生成。至於他所說的「明以來，未見有創一體裁新人耳目者」，既不符合文體發展的實際，也出現概念含糊的毛病。如眾周知，有明一代，除原有的諸多文體繼續存在，說部中長篇章回、白話短篇也相繼形成，曲中更有傳奇劇誕生，它們較之八股，則更能代表時代文學的成就。

雖然如此，張潮這裡特特舉曲、說部、傳奇小說，將其與古文、詩、賦、詞並列，也可看出他十分開明又頗具慧眼的思想見解。在清代以前，像他持有的這種觀念，並不太多見，故顯得難能可貴。

七二

雲映日而成霞，泉挂巖而成瀑，所托者異，而名亦因之。此友道之所以可貴也。

【語　譯】雲被日照變為彩霞，泉水懸掛山岩成為瀑布，所依託的東西不同，它們的名稱也隨著不一樣，這就是交友之道可貴的原因。

【賞　析】在中國傳統典籍中，論及交友的頗不乏文字。單從交友的得人與不得人對人的影響這一角度言，如《顏氏家訓》中說：「與善人居，如入芝蘭之室，久而自芳也；與惡人居，如入鮑魚之肆，久而自臭也。」明薛瑄《讀書錄》中說：「人之邪正，必謹於所習。習與正人居，則正；習與不正人居，則不正。」清金纓《格言聯璧》中說：「人若近賢良，譬如紙一張；以紙包蘭麝，因香而得香。」「人若近邪友，譬如一枝柳；以柳貫魚鱉，因臭而得臭。」清乾隆時中州李綠園小說《歧路燈》更通過主人公譚紹聞的墮落及浪子回頭，形象地說明了擇友對人產生的重要影響。這則文字則從雲映日而成霞、泉掛岩而成瀑，闡發了擇友不同而對人所產生的影響也迴別這一道理。

確實，環境對人的發展作用至大，而過從甚密、耳濡目染的朋友，所給人的影響尤巨，因此，擇友對每個人（特別是青少年），都顯得格外重要。《論語》中說：「益者三友，損者三友。友直，友諒，友多聞，益矣；友便辟，友善柔，友便佞，損矣。」先哲的這些總結，未嘗不可以作為我們的座右銘。

七三

大家之文，吾愛之慕之，吾願學之；名家之文，吾愛之慕之，吾不敢學之。學大家而不得，所謂「刻鵠不成尚類鶩」❶也；學名家而不得，則是「畫虎不成反類狗」矣。

【注　釋】❶刻鵠不成尚類鶩　與下文「畫虎不成反類狗」並語出《後漢書・馬援傳》：「龍伯高敦厚周慎，口無擇言，謙約節儉，廉公有威，吾愛之重之，願汝曹效之。杜季良豪俠好義，憂人之憂，樂人之樂，清濁無所失，父喪致客，數郡畢至，吾愛之重之，不願汝曹效也。效伯高不得，猶為謹敕之士，所謂刻鵠不成尚類鶩者也。效季良不得，陷為天下輕薄子，所謂畫虎不成反類狗者也。」鶩，鴨。意謂畫天鵝而像鴨子，雖不能逼真，還得其仿佛。畫老虎而像狗，則連形近也得不到。

【語　譯】大家的文章，我喜愛它羨慕它，我願意學習它；名家的文章，我喜愛它羨慕它，我不敢學習它。學習大家的文章而達不到它的水準，還可以像畫天鵝不成而畫成鴨子；學習名家的文章而達不到它的程度，便會像畫虎不成畫成了狗。

【賞　析】從事文章寫作，暫不論大家、名家，能有所創新，已非易事。至於閱讀，則大家、名家雖有層次的區別，其作品，卻一樣給人以享受。但如果作為學習寫作的範本，取名家顯然不如取大家。原因很簡單。能成為大家，說明其創作已具有成熟的風格，其成就眾所公認，能為廣大的讀者接受，有鮮明突出的堪稱典範的特質，得到理論家總結或為世人共知，從而成為某種規範。學習大家，可學的內容極多，方向也相對明確，作為規範，更適宜作基礎訓練，正如習書法取大家法帖作臨摹，道理相同。名家卻不同，他們雖然以個別文章出名，但創作風格也許尚在探索發展中，而其將來形成的風格是否能夠為世人認可，尚有待於實踐檢驗。以尚未得到確認的東西作摹本，已屬冒險，而學習中能否得其神髓，也不能不令人懷疑，這樣，學習名家，便難免會出現「畫虎不成反類狗」的局面。學作文與習書法有相通之處。這則文字所論，的確具有它的道理。

七四

由戒❶得定❷，由定得慧❸，勉強漸近自然；鍊精❹化氣❺，鍊氣化神❻，清虛有何渣滓。

【注釋】❶戒　佛教名詞，指佛教的戒規。❷定　佛教名詞，指心專一境而不散亂的精神狀態。佛教以此作為取得確定的認識、作出確定的判斷的心理條件。❸慧　佛教名詞，謂通達事理、決定意念取得決斷性認識的那種精神作用。又指破除迷惑，認識真理。❹精　道教內丹學稱人的心中有真陰之精。❺氣　道教內丹學稱人體中有真陽之氣。❻神　道教內丹學稱人心中真意為神。

【語　譯】由持戒修行達到心神專注，由心神專注的禪定狀態而獲得大智慧，努力向前，就能進入空靈超邁的境地；煉真陰之精化為真陽之氣，煉真陽之氣化為真意之神，達到虛寂靜定，則不會再有什麼妄心雜念。

【賞　析】這則文字可分兩段。前三個分句談佛教戒、定、慧三學；後三個分句談道教內丹學精、氣、神修煉之理。

佛家認為，要領悟佛法，修成正果，首先要恪守戒律。如此修行，才能排除雜念，塵念不生，達到禪定狀態。也只有進入禪定狀態，才能逐步認識真理，領悟佛法，從而證佛，具大智慧，進入不為物累的自然狀態。

道教以成仙為終極追求。他們認為要成仙便須修煉。其中內丹學理論把《老子》「道生一，一生二，二生三，三生萬物」的宇宙生化說與內丹的虛化神、神化氣、氣化精、精化形之說相配，作為「道」順生天地萬物的程序；說萬物既生之後，都稟因道而有的精氣神三寶；而要返本歸根，便要逆其順生程序煉化歸元，即煉精化氣，煉氣化神，煉神還虛，這便與道合真，結丹成仙，超出生死。歸於虛寂的「道」，便無任何沉滓，不為物累，不受塵世污染。

張潮所以把佛、道修持的過程、結局並列而論，無非是想說明兩家途徑不同，結果彷彿：一是自然，一是清虛而無渣滓。所以會出現這驚人相似的結局，既與佛、道二教宗旨都在探討人生理想歸宿相關，更在其彼此的交互影響、滲透，以及道教內丹學的向佛教借鑑。印度佛教傳入中土，經吸收中國傳統儒家、道教思想，加以改造，終於形成中國化的禪宗；儒家也吸收佛教理論發展為宋、明理學；道教向佛教的學習，從這裡所談內丹學已可見一斑。傳統文化的發展演進，正是在汲取、揚棄、改造、重鑄的過程中，不斷向前進。

七五

南北東西，一定之位也；前後左右，無定之位也。

【語譯】南、北、東、西，是固定不變的方位；前、後、左、右，是隨時變化的方位。

【賞析】東西南北作為四個方位，乃以日出方向作參照而確定。《說文解字》釋「東」：「動也，从木。官溥說，从日在木中。」西則為日落之處。又面對日出的東方，左手為北，右手為南。而前後左右的確定，則以人為中心，隨人面部的轉移，便也發生了根本變化。《說文》釋「前」：「不行而進謂之歬(前)，从止在舟上。」《玉篇》釋「後」：「後，前後。」與前相對。《說文》釋「左」：「手相左助也。从𠂇从工。」以手在邊，故在面向的側邊，如面向南時東邊為左，面向北時西邊為左。右則與左相對。

作為方位，東西南北之所以為固定方位，在於它以外物為參照，日總是升於東方，所以其方位固定不移；而前後左右之所以為不固定方位，在於它以人自我為中心，人的面向可隨時轉移，以它為參照來確定的方位隨之也就發生變化，於是作為方位，它便只能是相對的不固定的。

從這裡我們還體悟到，自然規律必須遵循，為主；個人意志則應服從規律，為從。任何個人意志都必須順應客觀規律而動，這樣才能不逆天而行，做好每一件事情。

七六

予嘗謂二氏❶不可廢，非襲夫大養濟院❷之陳言也。蓋名山勝境，我輩每思褰裳❸就之，使非琳宮梵剎❹，則倦時無可駐足，飢時誰與授餐？忽有疾風暴雨，五大夫❺果真足恃乎？又或邱壑深邃，非一日可了，豈能露宿以待明日乎？虎豹蛇虺，能保其不為人患乎？又或為士大夫所有，果能不問主人，任我之登陟憑弔而莫之禁乎？不特此也，甲之所有，乙思起而奪之，是啟爭端也；祖父之所創建，子孫貧，力不能修葺，其傾頹之狀，反足令山川減色矣。然此特就名山勝境言之耳。即城市之內，與夫四達之衢，亦不可少此一種。客遊可作居停，一也；長途可以稍憩，二也；夏之茗、冬之薑湯，復可以濟役夫負戴之困，三也。凡此皆就事理言之，非二氏福報之說也。

【注　釋】❶二氏　指佛、道二教。❷養濟院　官府設置的收養老疾孤寡、貧困不能自存者及乞丐的場所。明人陳繼儒稱佛教為大養濟院。❸褰裳　以手提起衣裳。❹琳宮梵剎　琳宮，道觀的美稱。梵剎，寺院的泛稱。❺五大夫　松的別稱。秦始皇上泰山封禪遇暴雨，在松樹下避雨，遂封其樹為五大夫。見《史記・秦始皇本紀》。

【語　譯】我曾經說過佛、道二教不能夠廢除，不是因襲有人稱它為大養濟院的舊話。名山勝景，我們這些人常想去觀光遊覽，假如沒有道觀寺院，那麼疲勞時就沒有地方歇息，飢餓時又有誰供給飯吃？驟然有暴風雨，松樹下果真能夠避躲嗎？再假如在幽深的山谷，不是一日可以走出，難道能就地露天休息等待天明嗎？猛虎兇豹巨蛇毒蟲能保證牠們不出來害人嗎？再假如為官宦私人擁有，真的能不徵求主人同意，聽任我們去攀登觀覽卻不受禁阻嗎？不僅是這些，為甲所有，乙盤算過來奪取，這便引起了爭端。祖、父創建，子、孫中落無力不能修整，那傾倒敗壞的情況，反倒讓山川名勝遜色了。然而這也只是就名山勝境來談，就是在城市內，以及四通八達的大道，還不可以少了這種。出外遊歷可以作為旅社，這是它的第一個作用；長途跋涉時可以借此稍作休息，這是它的第二個作用；夏天有清茶，冬天有薑湯，又可以減輕役夫頭頂肩扛的勞困，這是它的第三個作用。所有這些，都是就實際情況談的，並不是說的佛道二教因果福報。

【賞　析】這則文字，張潮聲明並不是談因說果，只是從現實生活的實際需要，來分析佛寺道觀存在的必要與不可缺少。

先是從旅遊來談，名山勝水，人人都想一遊，前往領略一下山光水色。有了寺院道觀，疲倦時可以借此休憩，飢餓時可以找口飯吃，遇到狂風暴雨，可以在此躲避，遊覽中間黃昏降臨，可以借宿一夜。有了寺院道觀的食宿保障，還可以避免遭到毒蛇猛獸的侵害。這只是就寺院道觀為釋、道所有而言。

假如為官紳所擁有，卻不能任憑遊客觀光，以上的一切作用，都將失去。此外，個人擁有還有弊端。如為甲擁有，乙希望強取，如此便引發爭鬥；有祖、父輩手有餘錢，財產豐裕，建造堂皇，到兒孫輩，或家道中落，便無錢修整，這樣又不免傾頹毀壞，斷垣殘壁，勢必影響名山勝境的美觀。這都是就名山勝境處的寺院道觀而言。

在城市通衢，有了寺院道觀，益處也多：一是外出旅遊可以借作旅社；二是長途跋涉，可以在此稍歇；三是役夫困苦中可以從此討得清茶、薑湯，解暑暖身，除去勞累。既然寺院道觀為人們帶來了諸多便利，它的存在，確有必要。

當然，張潮所論，也只是就一般而言。世上不乏勢利和尚道士，若深山遊歷或長途跋涉中遭遇此輩，恐食宿之便，也非輕易能得。至於「下賤」役夫，更難有清茶、薑湯之享。

七七

雖不善書，而筆硯不可不精；雖不業醫，而驗方[1]不可不存；雖不工弈，而楸枰❷不可不備。

【注釋】❶驗方　確有效果的藥方。❷楸枰　即棋盤。因古時多用楸木製成，故名。

【語譯】即使不擅長書法，毛筆、硯臺卻不能不精良；即使不從事醫生職業，確實有效的藥方卻不能不留存；即使不善於下棋，棋盤卻不能不準備。

【賞析】紙墨筆硯舊時被稱為文房四寶，琴棋書畫則被視作文人風雅四藝。有了文房四寶，書房中會平添出幾許情調；四藝中得擅其一，則可獲雅人之稱。這則文字所說的「雖不善書，而筆硯不可不精」，「雖不工弈，而楸枰不可不備」，即主要基於此而立論。此外，友朋往來，中間或有書家，備精良的筆硯，友人到來之際，磨墨鋪紙，請其揮毫潑墨，不無便當。而下棋不如觀棋，朋友小聚中，提供棋枰，自當看客，亦樂在其中。「驗方不可不存」，謂人有旦夕福禍，或自己、或家人、或鄰里、或親朋，偶染疾病，拿出果有神效的藥方，治病救人，己用可除病，助人可積福，益人益己，功德無量。

七八

方外❶不必戒酒，但須戒俗；紅裙❷不必通文，但須得趣。

【注釋】❶方外 超然於世俗禮教之外。多指僧人道士。❷紅裙 婦女穿的裙。這裡指婦人。

【語譯】和尚道士不一定要戒酒，只是一定要戒除俗念俗行；女人不一定要精通文章，只是一定要具有情趣。

【賞析】道教戒規中有「不得葷酒」，佛教戒規中有「不飲酒」，都禁絕飲酒。這裡卻說「方外不必戒酒，但須戒俗」，顯然其視「俗」較飲酒更為嚴重。為什麼作者對僧道的「俗」如此深惡痛絕？這有著現實的原因與理論的依據。作為方外，僧道都以超脫塵俗相標榜，以不貪無欲為追求，這是證道成佛修煉成仙的基礎。但現實中，剃度皈依的僧人與寄身道觀的道士，卻未必都能了卻塵緣，其甚者，俗念重重，勢利萬分，較之塵世中人，更顯世俗氣。這種情況，在明清野史稗說中時能見到，在當時社會並非僅見個例。正因此，張潮才有如此論說。

「紅裙不必通文，但須得趣」，則反映了作者所持的婦女觀。作者看來，女子通文與否，並不重要，重要的是有無情趣。對趣的追求，與宋元以來程朱理學所鼓吹的「存天理，滅人欲」、滅絕個性相對立，反映了晚明以來新的思想觀念，有其進步合理的內涵。只是獨獨用來作為對女子衡量的尺碼，卻不能不說其中仍有著視女子為男人附庸或玩物的封建陋見。對此，應當有清楚的辨察。

七九

梅邊之石宜古，松下之石宜拙，竹傍之石宜瘦，盆內之石宜巧。

【語　譯】梅樹旁邊的石頭應當古雅，松樹下邊的石頭應當樸拙，竹子旁邊的石頭應當瘦削，盆景內的石頭應當細巧。

【賞　析】園林造景作為一門藝術，其極致是體現出自然景觀與人工創造的完美交融。而要達到這種效果，造景者的審美見解、藝術創造才能具有關鍵的作用。即以這則文字所舉景觀言，梅、松、竹、盆景，各有特徵，各有獨自的神韻，而與之搭配的石頭能否與它和諧，便要看能否準確地把握它們不同的內涵，並巧妙配置。從這則文字的搭配看，應該說作者頗精此道。梅花古色古香，故以古雅之石相配；松傲岸蒼勁，故配以粗拙之石；竹長而細，故與瘦削之石配合；盆景面積大小有限，故講究細巧。美在和諧，石與樹內在精神、外在形式的統一，決定了它們的圓融、美妙。

八〇

律己宜帶秋氣，處世宜帶春氣。

【語　譯】要求自己應該帶有秋天的嚴厲之氣；對待別人應該帶有春天的寬厚之氣。

【賞　析】律己則嚴，待人則寬，這關涉到自身人格的建設。律己嚴則寡過，少犯錯誤，少有過失，可以不斷完善自己的道德品格，提高自己的文化知識修養。能夠想像出，一個人如果對自己沒有嚴格的要求，放縱自我，貪圖安逸，苟且偷生，得過且過，必定不會有任何建樹，不會有任何發展。待人寬，體現出自己的修養、胸襟，這也是理想人格不可缺少的內容。另方面，繩人則寡合，喜歡挑剔別人，處處苛責別人，直、諒、多聞的朋友固不可得，即使在現實生活中也會四處碰壁。個人的力量極其有限，要成就非凡之事功，便不能僅僅依靠個人，而需要得到眾多朋友的幫助；而要獲得眾人的幫助，首先便要做一個讓人覺得你是能夠成就事業，值得相處的人。「律己宜帶秋氣，處世宜帶春氣」，這兩句話可以作為我們處世的箴言。

八一

厭催租之敗意，亟宜早早完糧；喜老衲❶之談禪，難免常常布施❷。

【注　釋】❶老衲　衲，僧徒的自稱或代稱。老衲，即老年僧人。❷布施　佛教名詞，音譯為「檀」、「檀那」，意譯為「施度」、「布施度無極」。指施與他人財物、體力和智慧等，為他人造福成智而求得積累功德以至解脫的一種修行方法。

【語　譯】厭惡催租收稅敗壞意興，要緊的是趁早把租稅交完；喜歡老僧談經說禪，便免不了經常施捨財物。

【賞　析】催租敗壞意興，完租則避免催租者攪擾；喜老僧談禪，則不免布施財物給老僧：都為自然而然之事。又其出於張潮類士大夫口中，也顯得輕鬆、詼諧，頗有點幽默。士大夫家有餘財，其布施老僧，聽聽說經，感受些禪機，樂在其中，自不必說它。唯「亟宜早早完糧」一語，不免局外人之談，是不知稼穡艱難者聲口。明、清時代，耕作技術仍十分落後。家有幾分薄田，自給自足，糊口度日，已經不易；而租人田地，完糧交租，維持生計，更是艱難。對於租田而耕的農夫，最大的心願莫過於風調雨順，在揮灑血汗後有個豐收，除交租完糧，家有剩餘，可以保全家一年無飢餓之憂。不幸遭遇旱澇蝗蟲之災，顆粒不收，妻子啼飢號寒，地主催逼完租，妻離子散、家破人亡便在所難免。當其時，「敗意」又何遑論之？從這裡可以看出，作為士大夫的張潮，其於百姓黎民，是何等的隔膜！

八二

松下聽琴，月下聽簫，澗邊聽瀑布，山中聽梵唄❶，覺耳中別有不同。

【注　釋】❶梵唄　佛教名詞。指佛教徒以短偈形式贊唱佛、菩薩的頌歌，或敲木魚清唱，或以樂器伴奏。

【語　譯】松樹下聽彈琴，月光下聽吹簫，山澗邊聽瀑布，深山中聽僧徒唱頌佛之歌，所聽總有特殊的感受。

【賞 析】音樂之美，在於它能撥動人的心弦，引起人心靈上情感上的共鳴，把人的思想帶入一種美妙的境界。如錚錚琴聲，讓人感受到堅貞不屈、奮發向上；嗚咽的簫聲，讓人感受到深沉、低迷、迷離惝恍；自然瀑布聲，讓人感受到胸襟闊大倍受鼓舞；梵唄歌樂，讓人感受到空靈、靜寂、天地幽渺。這又與自然景觀所給人的感受相通近同。也因為此，選擇最合適的空間來感受音樂，藉江山自然之助，感受會更加深刻、更具別致。聽琴在松下，松的品格與琴聲所表露的理趣，可以互相印證；聽簫在月下，月色的朦朧能使簫聲更顯深迷；聽瀑在澗邊，深澗大壑讓人更體悟到博大深遠；聽梵唄在山中，山的幽靜必能進一步發明梵唄的空靈。耳中聽樂，眼中觀景，會心處當也更多，感受也必更深。

八三

月下聽禪，旨趣益遠；月下說劍，肝膽益真；月下論詩，風致益幽；月下對美人，情意益篤。

【語 譯】月光下聽禪說經，對佛的要義領悟的會更加深邃；月光下論說劍術，肝膽更加真誠；月光下議論詩歌，情趣韻味會更加幽遠；月光下對著美人，痴情愛意會更加深厚真摯。

【賞析】禪宗以心靈空明澄澈、清靜如水為最高境界，而月光如水，空明寧靜，與此境相通，故而在禪詩中，便多有以月光比心或以月光參禪者。如《續傳燈錄》卷二二〈漳州保福本權禪師〉下引寒山偈云：「吾心似秋月，碧潭清皎潔。」《五燈會元》卷十五有泐潭靈徹偈說西來之意：「東庵每見西庵雪，下澗長流上澗泉；半夜白雲消散後，一輪明月到窗前。」而謂「月下聽禪，旨趣益遠」正是取的這個意思。

劍與俠常常相關，俠意味著捨己助人，赤誠待人。在皎潔的月光下，心如月光明淨、純真，談劍說俠，肝膽也會更加赤誠，這是「月下說劍，肝膽益真」的涵義。

月亮包含了太多的故事，古往今來，以月為題而吟詠的詩篇，舉不勝舉。而月光的皎皎、灔灔、朦朦，或者其他，都具有無限的詩意。在這充滿詩意一片朦朧的月光下論評古今詩作，自會平添出更深的感受，捕捉更多的韻味。這是「月下論詩，風致益幽」的涵義。

美人令人喜愛，月下觀美人，多了些朦朧，雖不真切，卻有迷離之美，正如霧中看花，似真似幻，韻味更耐咀嚼。而對如在畫中的美人，情感也會像經過了過濾，顯得分外清純、分外真摯、分外深厚。這是「月下對美人，情意益篤」的涵義。

八四

有地上之山水，有畫上之山水，有夢中之山水，有胸中之山水。地上者，妙在邱壑深邃；畫上者，妙在筆墨淋漓；夢中者，妙在景象變幻；胸中者，妙在位置自如。

【語譯】有地上自然的山水，有畫上摹繪出的山水，有夢中幻出的山水，有胸中裝著的山水。地上山水妙在奇峰巨谷，丘陵綿延；畫中山水妙在濃墨重彩，揮灑淋漓；夢中的山水妙在景象變幻，層出不窮；胸中的山水妙在自由組合，隨意妝點。

【賞析】山水原只有一種，而在有思維意識，具有主觀能動創造性的人，卻又生出三種，即：畫中山水、夢中山水、胸中山水。

四種山水各有優長，也互有其短。地上山水出於自然造化，原汁原味，雖未經雕琢，其重巒疊嶂，綿延山脈，深谷巨壑，淙淙溪流，岩泉瀑布，碧波萬頃，已構成絕美畫卷。自然山水為其他山水所無法比並的還有它的深廣博大，人可以生活其中，可以觀賞遊覽，可以眼見，可以手摸，但永遠無法完全把握。它給人的感覺是神秘莫測的。

作為自然山水的主觀反映，畫上的山水經過了畫家的提煉，畫家往往藉畫筆寄託其某種情緒，在濃墨重染、縱情潑墨時，其主觀傾向也淋漓盡致的得到抒發。畫山水畫，是在欣賞山水，更在通過筆墨濃淡、筆力強弱、景觀布置、比例安排，體現其藝術的創造。

相比較，夢中山水具有更大的自由空間。它可古可今，可上可下，可大可小，隨時起滅，隨意組合，可以是自然山水的複製，也可以是自然山水的變形，但終歸春夢一場。

與上述又有不同的是胸中山水。地上山水為自然造化，不能變動；畫上山水既經畫出，無法更改；夢中山水變幻莫測，人不能自主；而胸中山水，則可以任由自己組合、布置、調整、繪製。但胸中山水只有己知，不為人曉；又其為閱歷限制，局限也在所難免。

八五

一日之計種蕉，一歲之計種竹，十年之計種柳，百年之計種松。

【語　譯】從一日考慮可以種植芭蕉，從一年考慮可以種植竹子，從十年考慮可以種植柳樹，從百年考慮可以種植松樹。

【賞　析】樹木或植物的栽種，在古人，對其作用的認識，遠不像現在這樣全面。但出於實用的目的，或為自己，或為兒孫，在這一點上，可以說古今如出一轍。從這則文字所談，便能看出這一傾向。

所謂一日之計種蕉，指蕉這種植物，作為觀賞，從栽種之日起，便具備了這種功效；一歲之計種竹，指竹非經一年，歷春夏秋冬，不能觀其四季變化，不能了解其全部精神；十年之計種柳，指柳要成材，能成蔭取涼，需十年之功；百年之計種松，指松無百年，不能成參天大樹，不能成有用之材。

種蕉、竹、柳能立竿見影，可以為己所用；而種百年之松，則純為後世子孫計。眼前之效、現實之用不能缺少，而為將來計更具有深遠意義，這也是歷史得以承傳發展的必要前提。

八六

春雨宜讀書，夏雨宜弈棋，秋雨宜檢藏，冬雨宜飲酒。

【語　譯】春天下雨時適宜讀書，夏天下雨時適宜下棋，秋天下雨時適宜翻檢收藏，冬天下雨時適宜飲酒。

【賞　析】春雨淅瀝，輕柔，細微，像輕音樂，襯托得氣氛分外寧靜。當此之時，一卷在手，或史書，或經書，或詩文，娓娓讀來，自然十分愜意。

夏雨電閃雷鳴，風狂雨驟，如摧征戰鼓，讓人難以平靜。當此之際，對弈是最好的活動，既可消遣，亦能調整舒緩心情。

秋雨連綿，為時既久，又清冷蕭颯。當此時，翻檢收藏，一可以防止霉變，二來在檢點藏品中，將思緒帶回往事，收穫點甜美溫馨的回憶，還可以沖淡冷寂淒清中的愁苦意緒。

冬雨天寒，讓人顫慄，欲做事而手腳僵硬麻木。當此時，或與朋友觥籌交錯，或獨個自斟自飲，三杯兩盞熱酒，沖寒暖身，不失為消寒一法。

這則文字四句話，比較充分的反應了古代士大夫優游自得的享樂觀念，也間接反映了他們閒適無憂的日常生活。

八七

詩文之體，得秋氣為佳；詞曲之體，得春氣為佳。

【語　譯】詩歌散文這兩種體裁以帶有秋氣為好，詞與散曲這兩種體裁以帶有春氣為好。

【賞　析】這兩句話包含了如下兩層涵義：一、舊有詩莊詞媚一說，以為詩言志，以莊重蘊藉為正宗；而詞則可以寫艷情，用語直白明快。在他們看來，詞曲與詩文較，前者俗，後者雅。所謂春氣，即指詞曲能寫春情，風格靈動；所謂秋氣，則指詩文應該嚴肅，不可輕佻油滑。二、朱彝尊〈紫雲詞序〉中說：「昌黎子曰：歡愉之言難工，愁苦之言易好。……斯亦善言詩矣。至於詞或不然，大都歡愉之詞，工者十九，而言愁苦者，十一焉耳。」也就是說，詩宜寫窮愁，詞宜寫歡愉。所謂「詩文之體，得秋氣為佳」，便含有詩文宜寫窮愁的意思。因秋的特徵是悲，是苦；而「詞曲之體，得春氣為佳」，則含有詞曲寫歡愉、寫兒女私情的涵義，因為春天的主調是歡快。

八八

抄寫之筆墨，不必過求其佳；若施之縑素❶，則不可不求其佳。誦讀之書籍，不必過求其備；若以供稽考❷，則不可不求其備。遊歷之山水，不必過求其妙；若因之卜居，則不可不求其妙。

【注　釋】❶縑素　白絹。可供書法繪畫用。❷稽考　考核；考證。

【語　譯】用來抄寫的筆墨，不一定要很好，假如在白絹上書寫，那便不能不要求很好；一般誦讀用的書籍，不一定要求很全，假如用來供考校，那便不能不要求齊全；去遊覽賞玩的山水，不一定要講究十分精妙，假如就此作居住的打算，那便不能不要求它精妙。

【賞　析】一般抄寫不同於書法，前者僅備臨時使用，後者則供傳之後世；前者重適用，後者講美觀。如此，其對筆墨的要求自然要有區別。而用作抄寫的筆墨不需太過講究，用作書法的筆墨必須講究，可謂用得其所。

從書籍來講，供誦讀與備稽考，要求也不一樣。前者有喜愛的書可讀即可，不必太多；後者要旁徵博引，書不多則不能解決問題，不能備隨時急需。故說「誦讀之書籍，不必過求其備；若以供稽考，則不可不求其備」，可謂深得讀書治學三昧。

至於山水風景，各有千秋，從欣賞的角度言，有可觀處便不枉一行。但對於擇地而居，則一定求其秀麗奇妙。因為遊歷可以跑遍天下山水，閱盡天下景色，而居住則要朝夕相對，寄身其中，甚至可能終身不復遷移。

這則文字中的區處條分，不難見出作者的經濟頭腦與務實觀念。「求其所當求，而不求其所不必求」（王司直評），我們在生活、工作、學習中，未嘗不可奉此為信條。

八九

人非聖賢，安能無所不知？祇知其一，惟恐不止其一，復求知其二者，上也；止知其一，因人言始知有其二者，次也；止知其一，人言有其二而莫之信者，又其次也；止知其一，惡人言有其二者，斯下之下矣。

【語譯】人不是聖賢，哪裡能夠什麼都知道呢？只知其中的一點，惟恐不只是這一點，又去了解其他內容的，是最上一等。只知道其中一點，因為別人說了才知道有另外內容的人，為次一等。只知道其中一點，有人說有另外內容卻不相信的，為又次一等。只知道其中一點，討厭別人說另外內容的，這是下等中的下等。

【賞析】《論語・季氏》孔子說：「生而知之者上也，學而知之者次也；困而學之，又次也；困而不學，民斯為下矣。」以擁有知識的途徑及對待知識的態度，將人分四等。相比較，張潮這裡認為「人非聖賢，安能無所不知」，認為人的知識均後天學習所得，取消「生而知之」一種，則顯得較為客觀。

按照對待新知的不同表現，張潮也將人區分為四種。一種是知其一，並主動去知其二，不滿足於已有知識，渴望去獲取新知。這種人積極進取，自覺地追求發展，追求不斷提高自己、豐富自己，張潮許其為最上一等。二種是知其一，聽人說才知道有其二，這種人，雖亦能接受新知，但他對新知並沒有太多的熱忱，不具有太多的熱情，其要有提高，只能是被動的、緩慢的，不會有很大的進步與發展，張潮稱之為次一等的人。三種是只知其一，別人說起新的內容，他仍不相信。這種人，有點故步自封，自我感覺太好，難有發展，難以有多少進步，張潮說這是又次一等的人。最下等的是第四種，這種人只知其一，又心胸狹隘，惟恐別人勝過自己，不願意也厭惡別人說出他所不知道的東西。如此，不僅他自己不會接受開拓新知，甚而會以知識及擁有知識者為仇敵，從而危及知識與文明。這是最沒出息也是最為危險的人。

「人不能像走獸那樣活著，應該追求知識和美德」、「知識就是力量」，要使你的前途光明燦爛，要為人類文明與社會的發展做出貢獻，不虛度人生，就應該取法張潮所說的上等之人，努力學習，不斷從知識中獲取力量，以成就偉大的事功。

九〇

史官❶所紀者，直世界也；職方❷所載者，橫世界也。

【注釋】❶史官　主管文書、典籍之官。這裡指修史之官。❷職方　《周禮》夏官的屬官有職方氏，掌管天下地圖與四方蠻夷戎狄的物產及職貢。唐宋至明清都於兵部設職方司，主要掌管疆域圖籍。這裡指繪製疆域圖籍者。

【語譯】史官所記載的是直的世界；職方所登錄的是橫的世界。

【賞析】史官修史，從古到今，舉凡歷朝帝王后妃、名臣大儒，乃至歷代制度及經濟、政治、軍國大事沿革，都有敘寫。從通史可見出上下幾百年或千年的歷史風雲，見出諸多王朝的興衰更替；從斷代史也能見出數百年或幾十年某一個或某幾個王朝的發展。所謂「直世界」，即指歷史所展現的是不斷發展的永遠不同的世界。

與史官修史職掌不同，職方繪製疆域圖籍，只是就一定時期的疆域現狀、山川名勝，進行描繪。它所展現的，只能是一個個斷面，是某個王朝特定時期的地域風物，也就是所謂「橫世界」。

張潮這則文字，區別史官修史與職方所製疆域圖籍的不同，僅用「直」、「橫」加以區分，以「直世界」、「橫世界」分別形容史書與疆域圖籍，可謂形象逼真，生動恰切。

九一

先天八卦，豎看者也；後天八卦，橫看者也。

【語譯】先天八卦圖，是豎著看的；後天八卦圖，是橫著看的。

【賞析】先天八卦圖，離在西，坎在東。離表示日，坎表示月。日指陽，月指陰，由陰到陽，即由東到西，此是豎看。後天八卦圖，離在北，坎在南。由離到坎，由日到月，由陽到陰，呈豎線狀，此謂橫看。

張潮於易學很有講究，興趣也多。其《檀几叢書》收尤侗《負卦》、王晫《諂卦》；又錄其自撰《貧卦》，可以為證。這則文字對先天、後天八卦的論說，同樣說明了這一點。

九二

藏書不難，能看為難；看書不難，能讀為難；讀書不難，能用為難；能用不難，能記為難。

【語　譯】收藏書籍並不困難，困難的是去看書；看書也並不困難，困難的是理解書中內容；理解書中內容也不困難，困難的是會用書中的知識；會用書中的知識也不困難，困難的是看了便能牢記不忘。

【賞　析】買書是為了閱讀，閱讀需要理解領悟，領悟則為了利用，而書到用時方恨少，在利用時希望多多益善，能夠多記住一些。可以說，這種推演是嚴密而不可挑剔的。問題在於置書需要囊有贏餘，對僅能裹腹或囊中羞澀者，置書亦非易事。家有萬貫者買書出於妝點門面，以示高雅，並非為了閱讀。如此，雖家有千頃堂書屋，與買書的本意相悖，便也徒然是對書的浪費。

再以我們自己來說，家裡有了藏書，能否抽出時間靜下心來翻覽書籍，確實也是嚴峻的考驗。我們常常會這樣，愛書且見書必購，一旦拿回家中，則束之高閣，塵封既久，竟然忘記了它的存在。所以，說「藏書不難，能看為難」，不僅對古人，對今天的我們，也未嘗不可以為鏡鑑。

看書或者不難，我們也可能見書就翻，並做到了翻書超過萬卷。但翻書，是否出於獵奇，或者僅是走馬觀花，好讀書不求甚解；是否真正領悟了書中的要義精髓。要做到後一點，顯然要下番功夫。「看書不難，能讀為難」，一般翻閱與精讀讀懂是兩回事，是兩種不同的境界，「能讀」並不簡單。

讀書的最終目的還是為了益智博學，為了用來指導我們的社會人生實踐，為了借鑑為我所用。但讀書與應用有很大距離。有的人，也許學富五車，如《三國演義》中的馬謖對於兵法即是，他卻不能將所學應用到實際中，這樣，或者可稱為書櫥，在現實中，則非但無益，甚至會造成危害。

「讀書不難，能用為難」，此言不虛。

書海無涯，人的記憶力卻有限，但對於讀書，人們總希望過目成誦，記得多，便可以多獲取一分書本上的經驗，用於指導實踐，則可以少走點彎路。知識的無限與人的記憶力的有限，永遠是一組矛盾，「能記為難」，對每一個人都是如此。

九三

求知己於朋友易，求知己於妻妾難，求知己於君臣則尤難之難。

【語譯】在朋友中找知己容易，在妻妾中找知己困難，在君臣中間尋找知己更是難上加難。

【賞析】朋友指同師同志、志同道合、情誼相投的人。《易經・兌卦》說：「君子以朋友講習。」孔穎達疏：「同門曰朋，同志曰友。」既然志趣相合，又能互相切磋，自然彼此會更多些了解，在朋友中，雖不能盡成知己，卻可以有不少知己，這就是所謂的「求知己於朋友易」。

相比較，妻妾不同於朋友。舊婚姻以父母之命、媒妁之言而成，男人雖較女人多些自由，但女子深處閨中，男人與他所要找的妻妾並不可能經過很多的接觸，也不會有太多的了解，這樣，彼此能否有共同的情趣，便無從保證。何況其時男女不平等，男尊女卑，男女對自身價值的追求迥然相異，夫妻之間既沒有平等對話的可能，也不存在多少共同的話題，所以說「求知己於妻妾難」。

專制時代等級森嚴，君主操生殺予奪大權，君讓臣死，臣不能不死；伴君如伴虎，一言不妥，會招來殺身滅族的橫禍。君臣關係，是主與奴的關係，是金口玉言與絕對服從的關係。所以，欲求知己於君臣間，近於痴人說夢，這裡所說的「求知己於君臣則尤難之難」，也正是這個意思。

九四

何謂善人？無損於世者則謂之善人。何謂惡人？有害於世者則謂之惡人。

【語　譯】什麼樣的人可以稱為善人？對社會對他人沒有損害的人可稱為善人。什麼樣的人可以稱為惡人？對社會對他人有危害的人便稱為惡人。

【賞　析】「向善之心，人皆有之」，善好於惡，可說是三尺童子都懂得的道理。但是，要做一個「無損於世」的善人，卻是一種很高的境界，起碼要具有以下幾個方面的條件：一、加強修養，砥礪情操，具有完善的人格。二、有鮮明的是非善惡觀念。三、嚴於自律，高度理智，能經得住邪惡的誘惑，不單純為欲念驅動。四、慎於言行，對自己的一言一行，都要抱負責的態度，三思而後行。然而動機與結果有時並不完全一致，甚至會截然相反。如以良好的動機做出有害於世的舉措，對此，人們可以給予適當的諒解，卻不能將其饒恕，因為它畢竟危害到了社會。這則文字以有損或無損於世作為判別善人惡人的唯一標準，講結果不論動機，很有點以法治人的觀念。

九五

有工夫讀書，謂之福；有力量濟人，謂之福；有學問著述，謂之福；無是非到耳，謂之福；有多聞直諒之友，謂之福。

【語譯】有空餘時間讀書，可說是福氣；有力量去幫助別人，可說是福氣；有學問去著書立說，可說是福氣；沒有是是非非傳到耳裡，可說是福氣；有學博識廣、正直守信的朋友，可說是福氣。

【賞析】吳從先《小窗自紀》中說：「讀書可以醫俗。」能有閒暇，一卷在手，與智者進行心靈的對話，聽聖賢講大道，談立身，說學問淵流，闡道明理，增廣識見，學習做人，陶冶情操，的確是一種享受。「有工夫讀書」，對終日為事物纏繞不得清閒者來說，無疑顯得更有魅力，讓人神往。

人都希望做一個強者，做一個善人，而當你具有實力，能夠幫助別人的時候，切莫錯過機會。助人能體現你的美德，能顯示你起碼在某一方面不是弱者，能濟人，也是一種福分。

《左傳》中說：「太上有立德，其次有立功，其次有立言，雖久不廢，此之謂不朽。」古人將立言與立德、立功並稱為三不朽，可見立言著述的重要。「有學問著述」，闡述自己的社會人生真知，抒發一己的情志，為文化積累添磚加瓦，做出個人的一點貢獻，這無論古人還是我們今人，都是值得羨慕讚許的事功，稱能著書為「福」，並不為過。

人生社會，五色雜陳。人不會時時得意，也不會事事順心。少不了失意，免不了為人談論，心裡也難免會有各種煩惱。但往往最大的煩惱是人事煩惱。當你尚不能做到心靜如水，最好是眼不見為淨，不聽是非，不管是非，這是求得避免煩惱的最佳途徑。但池水不免會有漣漪，說是非者不可能絕於耳，所以說「無是非到耳，謂之福」。

人生活於社會，生活在人世，總要與人交往接觸，若能有多聞直諒之友，可以增長見識，發現自己的不足，不斷提高自己；又近朱者赤，受朋友正直、守信的人格感染，不斷完善自己的品格，可謂受益多多，說「有多聞直諒之友，謂之福」，此言非虛。

九六

人莫樂於閒，非無所事事之謂也。閒則能讀書，閒則能遊名勝，閒則能交益友，閒則能飲酒，閒則能著書，天下之樂孰大於是！

【語譯】人生的快樂，沒有比閒暇更大的了，閒暇並不是說無所事事。有閒暇便可以讀書，有閒暇便可以遊覽名勝，有閒暇便可以交結益友，有閒暇便可以暢飲美酒，有閒暇便可以著書立說。世上的快樂，有什麼比閒暇大呢！

【賞　析】能有空閒的時間屬於自己，為自己所支配，做些自己想做的事情，對於每個人，都是一件十分愉快的事情。終日忙碌，或為工作，或為生意，或為繁瑣的家務，往來應酬，事務叢雜，其出於事業的需要，出於生計的需要，出於不得不做的日常生活需要，出於作為父母子女兄弟姐妹應盡義務的需要，讓人疲於奔波應付，心力交困。人，完全成了各種需要的奴僕而難能主宰自己。但人人心中需要擁有自己的一片藍天，需要恬靜，需要適性，需要娛樂，需要消遣。如這則文字所說，對張潮，他最希望做的是讀書、遊名勝、交益友、飲酒、著書。而對你我他，也許還有其他要做的事，總之要適情順性、恬然自得，而不是無可奈何非做不可的事。能自由主宰自己的時間，順自然之性，不為物役，蓋也近於道教所追求的理想境界——神仙境界。

九七

文章是案頭之山水，山水是地上之文章。

【語　譯】文章是擺在書案上的山水，山水是擺在大地上的文章。

【賞　析】文學創作有多種多樣的體裁，出於不同作家創作出來的作品又有各色各樣的風格，其對讀者，或令人舞，或令人泣，或令人冷，或令人惜，或令人危，或令人密，感受互不相同，千差萬別。正如遊覽觀賞山水，或奇峰突兀，或深澗大壑，或小溪淙淙，或碧波萬頃，讓人觀之不盡，領略無窮，說不盡，道不完。稱「文章是案頭之山水」，可謂妙比。

文章出於人工創作，山水則為天工造化。何處為山，何處為水，何處是矗立的高峰，何處是千里綿延的伏脈；何處有溪流，有池塘，有湖泊，有大海，有江河，雖為自然存在，風格各異，卻似天工巧設，奇妙無比。以「山水是地上之文章」，喻自然安排的有序、新巧、獨特、有包涵，可說是巧喻。

九八

平上去入❶，乃一定之至理。然入聲之為字也少，不得謂凡字皆有四聲也。世之調平仄❷者，於入聲之無其字者，往往以不相合之音隸於其下。為所隸者，苟無平上去之三聲，則是以寡婦配鰥夫，猶之可也；若所隸之字自有其平上去之三聲，而欲強以從我，則是干有夫之婦矣，其可乎？姑就詩韻❸言之，如東、冬韻，無入聲者也，今人盡調之以東、董、凍、督。夫督之為音，當附於都、睹、妒之下；若屬之於東、董、凍，又何以處夫都、睹、妒乎？若東、都二字俱以督字為入聲，則是一婦而兩夫矣。三江無入聲者也，今人盡調之以江、講、絳、覺，殊不知覺之為音，當附於交、絞、教之下者也。諸如此類，不勝其舉。然則如之何而後可？曰：鰥者聽其鰥，寡者聽其寡，夫婦全者安其全，各不相干而已矣東、冬、歡、桓、寒、山、真、文、元、淵、先、天、庚、青、侵、鹽、咸諸部，皆無入聲者也。屋、沃內如禿、獨、鵠、束等字，乃魚、虞韻內都、圖等字之入聲；卜、木、六、僕等字，乃五歌部之入聲；玉、菊、獄、育等字，乃尤部之入聲；三覺、十藥，當屬於蕭、肴、豪；質、錫、職、緝，當屬於支、微、齊。質內之橘、卒，物內之鬱、屈，當屬於虞、魚；物內之勿、物等音，無平上去者也；訖、乞等，四支之入聲也。陌部乃佳、灰之半，開、來等字之入聲也。月部之月，厥、闕、謁等及屑、葉二部，古無平上去，而今則為中州韻內車、遮諸字之入聲也。伐、髮等字及曷部之括、适及八黠全部，又十五合內諸字，又十七洽全部，皆六麻之入聲也。曷內之撮、闊等字，合部之合、盒數字，皆無平上去者也。若以緝、合、葉、洽為閉口韻，則止當謂之無平上去之寡婦，而不當調之以侵、寢。緝、咸、喊、陷、洽也。

【注釋】❶平上去入　漢語古音中的四個聲調，總稱四聲。❷平仄　平指四聲中的平聲；仄指四聲中的上、去、入三聲。古代韻文中所用字音，平聲與仄聲相互調節，使聲調諧協，謂之調平仄。❸韻　即韻部。韻書中把同韻的字歸於一起稱為一部。《廣韻》歸納二百零六部，《平水韻》為一百零六部，《中原音韻》為十九部。

【語　譯】平上去入四聲，是音韻中不能變更的規則。但入聲字少，不能說所有的字都有四聲。世人所說的平仄，在遇到用四聲卻沒有入聲字的時候，往往用不相干音調的字歸於它的類下。被拿來充用的字，倘若沒有平上去三聲，那便是把寡婦嫁給鰥夫，還可以說得過去；假如所歸的字有它自己的平上去三聲，卻要勉強它從屬入聲，那便是唐突有夫之婦，這樣做行嗎？姑且以詩韻來比類說明：像東、冬韻是沒有入聲的，現在有人卻安排成東、董、凍、督。像督的字音，應當歸附在都、睹、妒下邊，如果把它歸於東、董、凍，又如何處置都、睹、妒這些字呢？如果東、都二字都把督字派作入聲，便是一個女人同時嫁給了兩個男人。三江韻部無入聲，現在有人把它安排為江、講、絳、覺，其實不知道覺字的音韻應當歸附在交、絞、教的下邊。諸如這些情況，舉不勝舉。既然如此，怎樣處理才妥當呢？我說：鰥夫就聽任他為鰥夫，寡婦就讓她為寡婦，夫婦齊全的就讓他們齊全，相互不勉強就行了。

【賞　析】這則文字可以說是一篇音韻學專論。所談的中心內容是平仄運用中，當遇到該用入聲卻沒有相應的入聲字時，能否以音近的字充用這一問題。作者認為，用於充代的字，如果同為入聲，勉強可以；如果不是入聲，則絕不可以。而最理想的辦法是順其自然，不生硬強湊。文中，作者結合詩韻，就時人生拉硬派的做法作了具體說明，並進行了辛辣的調侃與批判。

作為說理文字，這則文字在議論說理中，既重視事實，又巧用比喻。如舉「督」字、「覺」字為例，說「督」本與都、睹、妒歸屬一類，不能將它再派入東、董、凍之中，否則，將對都、睹、妒無法處置。如果「督」同時並屬於東、都兩韻部，則無疑一婦兩夫，十分荒唐。再如「覺」字，既屬交、絞之下，如果再將它派入江、講、絳之中，同樣如此。以事實說話，便顯得力有千鈞，不可辯駁。以比喻的運用來加強形象生動性，如將同為入聲之字替代比況為寡婦配鰥夫，將有平上去三聲的字硬充入聲比為千有夫之婦、一婦兩夫，這都平添了說理的分量，也顯示出真理在握者的詼諧幽默、輕鬆自然，具有極佳的藝術效果。

九九

《水滸傳》是一部怒書，《西遊記》是一部悟書，《金瓶梅》是一部哀書。

【語譯】《水滸傳》是一部宣憤的書，《西遊記》是一部參禪悟道的書，《金瓶梅》是一部傷世哀時的書。

【賞析】這則文字對三大小說名著主題的概括，是明清時代有關這三部書的主題的代表性意見。

說《水滸傳》是宣憤之書，以李贄〈忠義水滸傳敘〉為最早。〈敘〉中說：「《水滸傳》者，發憤之所作也。」「施、羅二公身在元，心在宋；雖生元日，實憤宋事。是故憤二帝之北狩，則稱大破遼以洩其憤；憤南渡之苟安，則稱滅方臘以洩其憤。」

稱《西遊記》是參禪悟道之書，以謝肇淛《五雜俎》所說的「以猿為心之神，以豬為意之馳，其始之放縱，上天下地，莫能禁制，而歸於金箍一咒，能使心猿馴伏，至死靡他，蓋亦求放心之喻」為較早。其後，汪象旭〈西遊證道書〉、陳士斌〈西遊真詮〉、張書紳〈新說西遊記〉、劉一明〈西遊原旨〉、張含章〈西遊正旨〉，則以批點形式，專門抉其微言大義，闡發其作為悟書的具體內涵。

說《金瓶梅》是哀時傷世抒發哀愁的書，欣欣子〈金瓶梅詞話序〉中已見端倪，如其說「寄意於時俗，蓋有謂也」，便有此意。至張竹坡評《金瓶梅》，則將此說發揮到極致。如《竹坡閒話》中說：「《金瓶梅》何為而有此書也哉？曰：此仁人志士孝子悌弟，不得於時，上不能問諸天，下不能告諸人，悲憤嗚咽，而作穢言以洩憤也。」又其〈苦孝說〉云：「故作《金瓶梅》者，一曰含酸，再說抱玩，結曰幻化，且必曰幻化孝哥兒，作者之心，其有餘痛乎！」

雖然如此，卻不能不承認張潮概括的精簡扼要，集中精煉，故其後論及三書主題，便有人引用張說，而張說也為小說資料收錄，這便是對他的認同。

一〇〇

讀書最樂，若讀史書則喜少怒多，究之怒處亦樂處也。

【語譯】讀書最是快樂。如果讀史書，便歡喜的時候少，憤怒的時候多。細細追究根本，憤怒的地方也是值得高興的地方。

【賞析】讀書的快樂，前邊已經談到。為什麼讀史書喜少怒多，則需要作點說明。

史書記歷朝興廢，記忠奸之爭。其中既不乏忠臣遭讒離憂，受屈被害；奸小惡貫滿盈，依然故我；也每有山河殘破，小朝廷苟且偷安，不思恢復；更有君昏臣佞，國是日非，政局動蕩，黎民荼炭。所有這些，都不能不讓讀書者拍案而起，義憤填膺。

所謂「怒處亦樂處」，則指當你看到不公平、不合理，看到忠臣受害、奸小猖狂，看到國將不國、天下混濁，若能為之憤怒，有憂國之思，說明你正直忠義，有愛國熱忱。讀書在明理，既然你能明辨了是非善惡的大道理，讀書的目的對你來說，便已經實現；而寫書人的目的在你身上也已經體現出來。受到薰陶教育，陶冶了情操，養成了剛直正義的道德品格，這自然是一件讓人高興的事。

一〇一

發前人未發之論，方是奇書；言妻子難言之情，乃為密友。

【語譯】發出前人沒有發表過的議論，才稱得上是奇書；表達出妻子兒女表達不出來的感情，才能稱得上是密友。

【賞析】名人說過，判斷歷史的功績，要看它較之前人能不能提出新的東西。就一部著作論，也復如是。任何一部著作，要經得住考驗，能傳之後世，便必須具有新的見解，在理論上有所突破。這則文字中所用來評價奇書的標準，恰與此暗合。能發「前人未發之論」，自也能與世長存，千古不朽。

朋友不同於妻、子，將朋友與妻、子比，用意自在於強調朋友感情的真摯、篤厚。所謂「言妻子難言之情」，意指作為密友，必須既有妻、子對夫、父那樣真誠的情誼，又有夫妻情、父子情所不能取代的其他方面的內容。作為夫妻、父子，其情固然深厚，但夫妻、父子之間，又有無法溝通或不能溝通的地方，而如果有朋友可以彌補這些缺憾，能充分信任他，與他言與妻與子不能言的東西，自可視為密友。

一〇二

一介之士，必有密友。密友不必定是刎頸之交❶，大率雖千百里之遙，皆可相信，而不為浮言所動；聞有謗之者，即多方為之辯析而後已；事之宜行宜止者，代為籌畫決斷；或事當利害關頭，有所需而後濟者，即不必與聞，亦不慮其負我與否，竟為力承其事。此皆所謂密友也。

【注釋】❶刎頸之交　語出《史記・廉頗藺相如列傳》：「卒相與歡，為刎頸之交。」對此，司馬貞索隱引翟浩語曰：「要齊生死而刎頸無悔也。」喻指可以同生死、共患難的朋友。

【語譯】一個耿直的人，一定有密友。密友不一定就是同生死、共患難的刎頸之交。大多表現為即使相隔千百里之遠，都能彼此信任，不因不實謠言而動搖；聽到有人對朋友誹謗，便多方面為他辯護，澄清事實才罷，對哪些事情該做、不該做，替朋友計劃決斷；遇到朋友有某種事情正在利害關頭，需要破費才能辦成的，就不一定讓他知道，也不考慮他是不是會辜負自己，不猶豫地盡力替他承擔這件事。這都是所說的密友。

【賞析】這則文字對什麼樣的人會擁有密友以及密友到底表現在哪些方面，作了具體說明。

作者認為，耿介正直的人才會有密友，因為他真誠待人，不存私心。而密友則具體表現為四方面：一、彼此絕對信任，不會因天各一方，相距遙遠，而聽信了別人的不實之詞，生疏了友情；二、雖不生活於一地，聽到有人對朋友進行誹謗，一定盡力為朋友辯白，盡力去澄清事實，維護朋友的名譽；三、朋友有事，宜行宜止，代為籌劃決斷；四、朋友有事關涉利害，雖需花費重貲，不必通知朋友就毫不猶豫地替他辦妥。而這四點，總結起來，實僅一點，即朋友一體，以待己待友。

頌讚友誼，這在明清時代文學創作中，是普遍的主題。所以會出現這種創作現象，在於當時社會，倫常廢弛，人心不古，世態炎涼，人情險惡。於是，人們對真情友誼格外神往。而文學創作順應潮流，反映了人們深心的呼喚。

一〇三

風流自賞，祇容花鳥趨陪；真率誰知，合受烟霞供養。

【語　譯】自以為是的風流，僅能容下花、鳥的趨奉陪伴；無人認可的真誠率直，只該接受雲霞的供養。

【賞　析】風流才子、風流人物、風流倜儻、風流儒雅、風流瀟灑、風流蘊籍，這種種與風流相關的詞藻所顯示的意象，都讓人羨慕、稱賞。但「風流自賞」，自命風流，卻讓人感到燥胃、噁心、厭惡、反感。而這種人，別人既難與他相處，他自己也不樂與他人並肩。其自鳴得意、孤芳自賞，在人間不會得到認可，可與之為伴的只有無意識的花鳥，不在乎他的一切。「趨陪」一詞含蓄無盡。花開花落無心，鳥飛鳥止隨意，本無贊同欣賞的意思，在風流自賞者，也許覺得花開嬌艷、小鳥啁啾，都是為他禮讚、為他歌唱。

真率是一種值得稱賞的品格。真誠率直，胸無機心，人既樂與相交，其與人也易於融洽。但如果真率僅限於掛在口頭，則會顯出其人的老於城府，老奸巨猾。而他所標榜的「真率」，自也不會被人認同。這種人，除了山中飄蕩的無心的白雲能夠與他共處，他在現實社會，也永遠不會得到真心的朋友。

一〇四

萬事可忘，難忘者名心一段；千般易淡，未淡者美酒三杯。

【語　譯】萬種事都可以忘懷，難忘懷的是對功名的欲望；各色各樣的東西都容易淡薄，不能淡薄的是幾杯美酒。

【賞　析】眾所周知的《紅樓夢・好了歌》數說了世人不能忘懷的四事：功名、金銀、嬌妻、兒孫。又以功名放在首位，可見功名在人心目中的地位。這則文字所說的「萬事可忘，難忘者名心一段」，也說明了功名的分量。人們所以如此看重功名，與傳統價值觀念有關，也與古代用人不公，才而不得其用，故益加熱望揚名的心理密切聯繫。文學創作中的「白日夢」，作家藉創作炫學逞才，都是最具體的表現。

所謂「千般易淡，未淡者美酒三杯」，貪酒是形式，借酒澆愁、超脫，才是最本質的內容。國事家事天下事，事事關心，積極入世的傳統知識分子背負的太重太累，而在美酒幾杯後，飄飄然忘乎一切，思想上解除了各種武裝，或許會得到暫時的輕鬆自由。這實在是一種美妙的境界。「難忘名心」、「未淡者美酒」說得瀟脫，實則沉重。

一〇五

芰荷❶可食，而亦可衣❷；金石❸可器，而亦可服❹。

【注釋】❶芰荷　泛指荷葉與荷花。❷衣　穿著。❸金石　金銀、玉石。❹服　佩帶。

【語譯】芰荷能吃，又可以穿著；金石能造為器物，又可以佩帶。

【賞析】道家以食用花卉、斷絕烟火之物為修煉成仙的重要階段。如晚明小說名篇〈灌園叟晚逢仙女〉：「自此之後，秋公日餌百花，漸漸習慣，遂謝絕了烟火之物。」其實，早在屈原〈惜頌〉中，便已經談到以花為糧，如其所說：「擣木蘭以矯蕙兮，糳申椒以為糧。播江離與滋菊兮，願春日以為糗芳。」又〈離騷〉中也說：「朝飲木蘭之墜露兮，夕餐秋菊之落英。」至於以芰荷製衣，見於〈離騷〉，有「製芰荷以為衣兮，集芙蓉以為裳。」在古人，以芰荷製衣，稱隱者之服，喻志行高潔，這與以花為餐，都能顯示人的清白、潔身自好、不為濁世所污。

金石可以製成各種器物，舉不勝舉。從日常生活所用的鍋碗瓢勺，到鐘磬鉢鏡各種樂器，再到兵器、國鼎，無不與金有關。寶石的能為器物，如玉斗、玉尺、玉巵，所在多有。而其能夠為服，也不鮮見，如金甲可以穿，金縷、金蟬可以為飾；玉玦、玉佩、玉珥、玉珠能為佩，都可供人裝扮。金玉以喻堅貞，這也是人們喜歡它的原因之一。

芰荷象徵高潔，金玉象徵堅貞，兩者有相通的特質，所以張潮在這裡將它們相提並論。

一〇六

宜於耳復宜於目者，彈琴也，吹簫也；宜於耳不宜於目者，吹笙也，擪❶管也。

【注釋】❶擪 同「𢶍」、「擫」。〈南都賦〉：「彈琴擫籥。」李商隱〈柳枝五首序〉：「調絲擫管，作天海風濤之曲，幽憶怨斷之音。」謂以手指按捺。

【語譯】聲音好聽又動作好看的是彈琴和吹簫；聲音好聽動作卻顯得不太雅觀的如吹笙、擫管。

【賞析】作為音樂演奏，彈琴、吹簫不僅音樂優美，其動作也輕鬆瀟灑、紆徐不迫；而吹笙、擫管則不同，雖同樣能奏出美妙的音樂，作為演奏的樂師，卻費盡了牛勁，一呼一吸，兩腮或脹或癟，看了讓人著實不忍。從這裡我們自然想起這樣一個道理，世上人事，從外觀到內容能夠協調，既有美的形式，又有美的內質的，並不多見。有的金玉其外，敗絮其中；有的從外到內都無可取；有的是形式醜陋而內在美麗。固然，人們總希望見到的是徹裡徹外的美，但魚與熊掌不能得兼，則人們也必然會毫不猶豫地捨外在而取內質。做人也是如此。花木瓜空好看，人們並不讚賞，而真才實學及善良的心靈，才是我們應該追求的。

一〇七

看曉妝宜於傅粉之後。

【語譯】看女子早晨梳妝應該在她塗抹白粉之後。

【賞析】南朝宮體詩人以輕靡為人詬病，其中多以女子衣領、繡鞋等為吟詠對象，更遭人批評。這句文字專談看女子曉妝，應該說，也不無這種變態心理。但它又不盡同南朝詩作，而有其新的時代內涵。這便是晚明以來所勃興的崇尚聲色的社會思潮。

當此時，人們尤其是士人，愛美女、愛花草、愛園林、愛聲伎、愛美食、愛茶酒、愛旅遊、愛山水、愛閒書。在此種情況下，愛看女人梳妝，便也不足為奇。所謂「看曉妝宜於傅粉之後」，無疑是早起美人睡眼朦朧、面帶睡容，不免有印痕上臉。傅粉之後，白淨細膩，粉裡透紅，眉黛彎彎，兼有睡意朦朧美與修飾整容之妙，既自然又不露斑痕。所謂：「宮粉輕輕按，一點櫻桃綻。看，眉黛畫來彎，遠山模範。七尺青絲，綰出蘭花瓣，一半宮妝一半懶。」（張潮〈南中呂駐雲飛．曉妝〉曲）即說明了此點。看曉妝，時間限定在早晨新起，傅粉之後，則進一步將時間更加具體，這可謂是深得其中三昧者之語。

一〇八

我不知我之生前，當春秋之季，曾一識西施❶否？當典午❷之時，曾一看衛玠❸否？當義熙❹之世，曾一醉淵明否？當天寶❺之代，曾一覩太真否？當元豐❻之朝，曾一晤東坡否？千古之上，相思者不止此數人，而此數人則其尤甚者，故姑舉之以概其餘也。

【注釋】❶西施　春秋時期越國苧蘿人，又稱西子。以美貌著稱。❷典午　典，即掌管，與「司」同意；午，在十二屬中指馬。故以為「司馬」的隱語，又為司馬氏晉朝的代稱。❸衛玠　晉安邑人。字叔寶。風姿秀異，有玉人之稱。❹義熙　晉安帝司馬德宗年號，始於西元四〇五年，迄於西元四一八年。❺天寶　唐朝玄宗李隆基年號，始於西元七四二年，迄於西元七五五年。❻元豐　宋神宗趙頊年號，起西元一〇七八年，迄西元一〇八五年。

【語譯】我不知道我此生以前，在春秋時代，曾經結識過西施沒有？在西晉時期，曾經看到過衛玠沒有？在東晉安帝義熙年間，曾經與陶淵明共飲一醉沒有？在唐玄宗天寶年間，曾經親見過楊貴妃沒有？在宋神宗元豐年間，曾經與蘇東坡有過謀面沒有？想念思戀的人不僅是這幾個，而這幾個是最相思的人，所以暫以他們舉例，來概括代表其他。

【賞析】明代中晚期以來，一方面，隨著統治階級的愈加糜爛荒淫，封建道統的正經面紗被揭開，人們對它的迷信開始消失；另一方面，在新生資本主義萌芽的催發下，以情抗禮、以追求欲望的滿足來對抗理學的禁錮，漸成滾滾洪流。其中，對美色的癖好，便是一個重要方面。如袁宏道稱自己有「青娥之好」，張岱稱自己「好美婢，好孌童」，王稚登與馬湘蘭、馮夢龍與侯慧卿、錢謙益與柳如是、冒襄與董小宛、侯方域與李香君，更以纏綿哀怨傳為一時佳話。而張潮這裡所謂「一識西施」、「一看衛玠」、「一覩太真」，或美女，或美男，正是續此一脈而來。而所謂的「一醉淵明」、「一晤東坡」，則表明了他對陶淵明、蘇東坡人格才情的神往。陶、蘇二人的思想，都以沖澹、達觀、澹泊及胸襟豁達見稱，這較之他們的創作，也許更能讓張潮產生共鳴。

一〇九

我又不知在隆、萬❶時，曾於舊院中交幾名妓？眉公❷、伯虎❸、若士❹、赤水❺諸君，曾共我談笑幾回？茫茫宇宙，我今當向誰問之耶？

【注釋】❶隆萬　隆慶、萬曆的省稱。隆慶為明穆宗朱載垕的年號，始於西元一五六七年，終於西元一五七二年。萬曆為明神宗朱翊鈞的年號，始於西元一五七三年，終於西元一六二〇年。❷眉公　晚明文學家陳繼儒（一五五八—一六三九），字仲醇，號眉公、麋公，華亭（今上海市松江）人。❸伯虎　即明代畫家、文學家唐寅（一四七〇—一五二三），字伯虎，一字子畏，自號六如居士。江蘇吳縣人。性不羈，富才情。❹若士　即明代大戲曲家湯顯祖（一五五〇—一六一六），字義仍，號海若、若士、清遠道人，江西臨川人。❺赤水　即明代文學家屠隆（一五四二—一六〇五），字長卿、緯真，號赤水、鴻苞居士，浙江鄞縣人。

【語　譯】我又不知道在明朝隆慶、萬曆年間，曾經在青樓中結交幾個名妓？陳眉公、唐伯虎、湯若士、屠赤水這幾位先生，曾經和我一起縱談說笑過幾次？茫茫宇宙，我現在該向誰問這些事呢？

【賞　析】這則文字所謂的交名妓，表露了如上則同一樣的意思。而所謂的與唐寅、屠隆、湯顯祖、陳繼儒談笑，則披示了他對名士風流的神往之情。按之文獻記載：唐寅才氣奔放，風流放浪；屠隆以仙令自許，放浪詩酒；湯顯祖志意激昂，風骨遒緊，賓朋雜坐，蕭閒詠歌，俯仰自得；陳繼儒通明俊邁，名傾寰宇。他們在明代均享名極盛，以文章才情為人所稱道。作為文酒風流的代表，能與他們結交，自是文人學士的至願。

在表現手法上，這則文字與上則文字具有共同的特點。這便是用佛教輪迴思想，逞其奇思妙想。用問句格，加強其玄虛之感。

最後需要指出的是，由於張潮的疏於考訂，將卒於嘉靖二年的唐寅誤放在幾十年後的隆、萬時代，以至出現了很不應該的常識性錯誤。

一一〇

文章是有字句之錦繡，錦繡是無字句之文章，兩者同出於一原。姑即粗跡論之，如金陵❶，如武林❷，如姑蘇❸，書林❹之所在，即機杼❺之所在也。

【注　釋】❶金陵　今江蘇省南京市。❷武林　今浙江省杭州市。❸姑蘇　今江蘇省蘇州市。❹書林　古時稱藏書刻書的地方。❺機杼　織機。

【語　譯】文章是有字句的錦繡，錦繡是沒有字句的文章，這兩種東西同出於一個源頭。姑且就大致情形論，像金陵、武林、姑蘇，刻書藏書的地方，同時也便是生產錦繡的地方。

【賞　析】我們素常形容一個人滿腹文章、才華橫溢，多用錦心繡口稱之；讚文章之美，也多說錦繡文章。可見，錦繡與文章間的確存在相通之處。這相通處，大端有二：一是錦繡與文章同出於人的精心巧構，同為人的傑出創造，都能見出人的心靈手巧，所謂「同出一源」，即指此。二、精妙的文章與美輪美奐的錦繡都是人的創造力的出色體現，都是由人創造出來的美的客觀存在，都給人以美的享受及娛悅。這則文字中談到的南京、蘇州、杭州，在明清時代，不僅以織錦著稱，且為圖書刻印出版中心。所以如此，與三地商品經濟的發達有關。這些地區的人民，靠著自己的聰明才智與精巧的雙手，辛勤勞動，編織著美麗的未來，創造了輝煌的業績。

一一一

予嘗集諸法帖❶字為詩，字之不複而多者，莫善於《千字文》❷。然詩家目前常用之字，猶苦其未備。如天文之烟霞風雪，地理之江山塘岸，時令之春霄曉暮，人物之翁僧漁樵，花木之花柳苔萍，鳥獸之蜂蝶鶯燕，宮室之臺檻軒窗，器用之舟船壺杖，人事之夢憶愁恨，衣服之裙袖錦綺，飲食之茶漿飲酌，身體之鬚眉韻態，聲色之紅綠香艷，文史之騷賦題吟，數目之一三雙半，皆無其字。《千字文》且然，況其他乎？

【注釋】❶法帖　名家書法的拓本或印本。❷千字文　南朝梁武帝為教諸王學習王羲之的書法，命周興嗣集王書一千字成文，四字一句，對偶押韻，以便記誦。唐人重王羲之之書法，也以此為法帖。

【語譯】我曾經集各種法帖上的字做詩，其中字不重複數量又多的，要算《千字文》了。即使如此，詩人目前寫詩中常用的字詞，還苦於不能齊備。像天文方面的烟霞風雪，地理方面的江山塘岸，時令方面的春霄曉暮，人物方面的翁僧漁樵，花木方面的花柳苔萍，鳥獸方面的蜂蝶鶯燕，宮室方面的臺檻軒窗，器用方面的舟船壺杖，人事方面的夢憶愁恨，衣服方面的裙袖錦綺，飲食方面的茶漿飲酌，身體方面的鬚眉韻態，聲色方面的紅綠香艷，文史方面的騷賦題吟，數目方面的一三雙半，都沒有字。《千字文》尚且如此，何況其他呢？

【賞析】詩言志，歌詠言，在心為志，發言為詩，詩者，用來抒發情志者也。這是詩所以產生的原因。但隨著詩歌史的發展，詩人對詩的形式愈趨講究。以做詩方式論，有獨吟，有聯唱，有集古，有限韻；以詩的形式論，有律、絕、歌、行，有五言、七言、雜言，有離合詩、回文詩、璇璣圖、盤中詩、建除體、八音歌、神智體、轆轤體、藏頭詩等。這則文字所談，則是做詩的又一種方式，類同於限韻，將詩歌用字限制在法帖所用字的範圍內。這當然是一種文字遊戲。真正的創作應當是我手寫我口，筆下流淌的是無法遏制的感情的躍動，是感情思想的噴發。僅在形式上打轉，只能使一種文體走向窮途末路。

一一二

花不可見其落，月不可見其沉，美人不可見其夭。

【語譯】鮮花不可看到它的敗落，月亮不可看到它的沉沒，美人不可看到她的夭折。

【賞析】在花的世界中，人感到年輕、舒暢；沐浴在月的光輝中，人感到真誠、高潔；有美人相伴，人感到幸福、歡快。

鮮花、明月、美人作為美的三種形式，給人帶來了美的享受，美的回憶。也許正因為它們在人的心目中形象太過美好，人們又在它們身上寄寓了人格意志，於是人們便希望鮮花常開不衰，明月常在不沉，美人永生不老。而一旦看到花敗萎泥，明月沉沒，美人夭折，人們不僅會想到盛極而衰，想到人生榮枯，想到美人遲暮，還會想到高潔不再，想到世態冷暖，想到理想的破滅，想到美的毀滅。

創造美或親見美的誕生令人鼓舞興奮，而目睹美的毀滅卻讓人感到殘忍，心生寒慄，無法自已。人生需要希望，需要有美的追求與嚮往；美的消逝，其對於人的精神、心靈，都是一種摧殘。

一一三

種花須見其開，待月須見其滿，著書須見其成，美人須見其暢適，方有實際，否則皆為虛設。

【語　譯】種養花卉一定要見到它的盛開，等待賞月一定要見到月圓，撰寫著作一定要看到書成，見美人一定要在她舒心快意的時候，這才有意義，否則便都形同虛設。

【賞　析】養花是為了賞花；待月是為了賞月；著書是為了抒情言志、闡述自己的各種見解，成就不朽的事功；美人被人們喜愛在其能讓人賞心悅目。如此，養花不待花開，無花可賞；待月不到月圓，不見極致；著書半途而廢，未成全璧；美人憂痛傷悲，難給人愉悅。既沒能見出切實效果，充分實現其價值，完成其使命，則種花、待月、著書與否及美人是否存在，都失去了實際意義。稱其「虛設」，可謂貼切。

其實，在生活中，這種情況很多，如學習、工作，常常因艱難中道而止。由於缺乏恆心，缺少毅力，三天打魚，兩天曬網，日月蹉跎，終於一事無成。這則文字告訴我們，只要你選擇了正確的道路，便義無反顧，持之以恆地走下去，只有這樣，才能有所成就，達到極致，走向輝煌。

一一四

惠施❶多方，其書五車；虞卿❷以窮愁著書。今皆不傳，不知書中果作何語？我不見古人，安得不恨！

【注釋】❶惠施　又稱惠子。戰國中期宋國人。為「合縱」政策的實際組織者之一。《莊子・天下》稱：「惠施多方，其書五車。」惜均亡佚。多方，即多方術。方術，學術。五車，言其多。❷虞卿　戰國時遊說之士。因進說趙孝成王，為趙上卿，受相印，故稱虞卿。主張合縱。後因拯救魏相魏齊，棄相印與魏齊逃亡。困於梁，窮愁著書。據載有《虞氏春秋》，已佚。

【語譯】惠施的學術廣博，他的著作裝載滿車；虞卿因困窮憂愁撰寫著作。現在都不傳世，不知道書中到底寫些什麼。我不能見到這些古代的人，怎能不感到遺憾呢？

【賞析】惠施屬於司馬談〈太史公自序〉中所標名家的代表。其著作雖亡佚，仍有片斷散見於《莊子》、《荀子》、《韓非子》、《呂氏春秋》等書。《莊子・天下》載其「歷物十事」，在十個命題中，較集中地反映了他「合同異」的哲學思想。他既有關於事物同、異相對性的辯證法觀點，又有否定事物之「異」的相對主義思想。在中國思想史上有著重要地位。虞卿傳見《史記》。據載他「不得意，乃著書，上采《春秋》，下觀近世，曰〈節義〉、〈稱號〉、〈揣摩〉、〈政謀〉，凡八篇。以刺譏國家得失，世傳之曰《虞氏春秋》」。於此約略可以覘知其書中內容大端。可以說，惠施、虞卿之書，均有卓見，有自己獨特的內容，合乎張潮所謂「奇書」的定義標準，顯然為他所渴望一觀。然書既散佚，無由欣賞其高見卓識；時隔遙遠，更不可能親炙其教，這對張潮，自然深感遺憾。其實，對於嗜書好學之士，又有誰不引為憾事。

一一五

以松花為糧❶，以松實為香，以松枝為麈尾❷，以松陰為步障❸，以松濤為鼓吹❹。山居得喬松百餘章❺，真乃受用不盡。

【注釋】❶糧　原作「量」，據《古今說部叢書》本改。❷麈尾　即拂塵。以駝、鹿尾為之，故稱。❸步障　用來遮蔽風塵或障蔽內外的屏幕。❹鼓吹　樂名。出自北方民族，主要樂器有鼓鉦簫笳，本為軍中之樂。❺章　株。

【語譯】用松樹的花作糧食，用松子做佩用的香料，用松樹枝條當作拂塵，將松樹的綠蔭當作屏風，將風過松林的松濤當作樂曲。隱居山中擁有百棵高大的松樹，的確是無窮無盡的享受。

【賞析】餐用松花，佩帶松實，持松枝作拂塵，視松蔭作屏障，以松濤作樂曲，張潮可謂有松樹之癖。

其實，回歸自然，不僅是高士仙人的專利，也為人類普遍擁有的思想。如今人以花粉為滋補品，食野菜宴，郊外別墅，仿自然建造園林等，都是其具體的表現。而隨著物質文明的發展，人類在飽受其負面所帶來的危害愈見劇烈時，回歸自然將會被越來越多的人所認同。人們嚮往從自然中得到一片寧靜，在自然中呼吸到清新純淨的空氣，在自然中增強身體的抵抗能力，擺脫矯飾，真誠相待，從身體到心靈，都進行一次洗禮，與天地為伴，做一個自然的人。

一一六

玩月之法，皎潔則宜仰觀，朦朧則宜俯視。

【語　譯】賞玩月亮的方法是：月光皎潔，那就應該仰首上觀；月色朦朧，那就應該俯首下看。

【賞　析】明月皎潔，一空如洗，翹首望天，靜觀默想，種種傳說浮現腦際。你或許想到嫦娥奔月的故事：嫦娥偷吃了不死之藥，成仙，奔入月中，化為月精。或許想到蟾蜍蝕月的故事：月中有蟾蜍，能蝕月。或許想到吳剛斫桂的故事：傳說月中有桂樹，高五百丈，下有吳剛，因學仙有過，謫令伐樹，桂樹隨斫隨合。這些傳說，奇幻、神秘、浪漫，富於想像，再以所觀月印證，自會獲得極大的審美享受。

但在浮雲遮月，月色朦朧之夜，月亮本身已沒有太多可欣賞之處，但迷朦的月光披灑大地，朦朧中的大地景觀，則頗值得一觀。人們對大地的本色十分熟悉，而一旦大地被迷朦的月色抱裹，便平添幾分縹緲神奇之感，讓人感受到詩意的空靈，也有了許多可以填補的聯想空間。

這則文字所說的皎潔宜仰觀，朦朧宜俯視，誠如孔東塘評：「深得玩月三昧。」

一一七

孩提❶之童，一無所知。目不能辨美惡，耳不能判清濁，鼻不能別香臭。至若味之甘苦，則不第知之，且能取之棄之。告子❷以甘食悅色為性，殆指此類耳。

【注釋】❶孩提　初知發笑，尚在襁褓中的嬰兒。❷告子　即告不害，戰國人，與孟子同時，主張人性無善惡。

【語譯】尚在襁褓中的嬰兒，什麼都不知道，眼睛不能辨別美好惡醜，耳朵不能判別輕清重濁，鼻子不能分辨香美臭腐。至於像味道的苦甜，則不僅知道，而且能夠選擇喜好的，放棄不喜的。告子把吃甜美的東西、喜歡美色視為人的本性，大概說的就是這個。

【賞析】在戰國時期，有關人性善惡這一問題，存在不同的看法。一種認為性無善惡，以告子為代表；一種認為可以為善，可以為不善；一種認為有性善有性惡；一種持性善說，以孟子為代表。《孟子・告子》中，孟子曾專就告子的學說進行了駁議。告子認為人並非生來就具有善性，善性只能是後天經過環境教育培養而成。這一看法，應該說是具有唯物論因素的。他稱「食色性也」，說人生來就有飲食男女的欲望，這雖顯得有些絕對，但卻有其道理。

張潮這則文字，只是以具體事例，試圖來證明告子的學說。需要說明的是，告子的「食色性也」這一見解，在晚明以後，曾被李卓吾等進步思想家用作理論武器，給予更深入系統的發揮，用以抗擊程朱理學的禁欲思想，並產生了重要影響，張潮贊同告子，蓋受李卓吾思想薰染而致。

一一八

凡事不宜刻，若讀書則不可不刻；凡事不宜貪，若買書則不可不貪；凡事不宜癡，若行善則不可不癡。

【語　譯】任何事情都不應該太過苛刻，至於讀書就不能不認真；任何事情都不能太過貪婪，至於買書就不能有滿足；任何事情都不應該太痴迷，至於做好事就不能不痴迷。

【賞　析】凡事不認真就無法做好，但太熱切又欲速則不達，於己、於人、於事不利，這就需要把握一個度。過猶不及，適可而止，這的確不是容易做到的事。

貪心涉及到為人品德。一己的利益固然需要講求，但人並非僅僅為自己而生存世間，人的價值也並不以個人得到的多少來判定，無窮的欲望與貪心只能給人帶來無盡的煩惱，並終將人引向毀滅，所以為人在世，且不講無私奉獻與謙遜禮讓，為了自己，也應該多點平常心，少點貪婪心。至於痴，不通世故，不懂人情，連起碼的立足社會的能力都不具備，便必然將自己置於孤立的境地。

苛刻、貪婪、痴迷，這對每一個人，都顯然是不足取的缺陷。然而張潮這則文字，重點卻並非講為人處世之道，而是講讀書應該認真，買書應該不知足，行善應該痴迷不後悔。讀書不認真不能領悟書中要義，不能發現問題所在，不能增長學問見識；買書不貪心不能多購書，往往會以各種因素錯過購書良機；行善不痴不能持之以恆，會因患得患失而見困不幫、見死不救。

讀書明理，行善積德。社會上多幾位明理君子、好善之士，便會增加一分文明，增添一分溫暖。我們擊節讚賞張潮的倡議：希望大家都去做一個「刻」於讀書的人、「貪」於買書的人、「痴」

於行善的人。

一一九

酒可好不可罵座❶，色可好不可傷生，財可好不可昧心，氣可好不可越理。

【注釋】❶罵座　辱罵同座的人。

【語譯】酒可以喜好但不可以發酒瘋罵人，女色可以喜好但不可以傷害身體，財物可以喜好但不可以昧良心獲取，脾氣可以有但不可以違背情理。

【賞析】宋元以來，在思想領域占統治地位的程朱理學主張以天理滅人欲，泯滅人的個性，過制人的所有欲望。明代中晚期後，思想家肯定了好貨好色這種人的正常欲念，社會上也泛起重塵世享樂的風氣。這一新的風尚，自然有它積極進步的方面，但又不無矯枉過正，消極腐朽的內容。如世風浮靡、任性放誕、金錢至上、放縱情欲。對此，有識之士多有憂患，並思扭轉頹風。在通俗文學創作中，如〈酒色財氣四貪詞〉，即有針對而發。這則文字中所說，也同樣具有這種命意。而張潮為此所定的「度」，所謂好酒而不罵座，好色而不傷生，好財而不昧心，好氣而不越理，具體而微，可見其良苦用心。

一二〇

文名可以當科第❶，儉德可以當貨財，清閒可以當壽考❷。

【注釋】❶科第　指科舉登第。❷壽考　年高；長壽。

【語譯】文章的名望可以當作科舉登第；勤儉節約可以視作財富；清靜閒適可以當作年高長壽。

【賞析】「十年寒窗苦中苦，一舉成名天下知」，這是科舉時代讀書人最大的人生追求。中舉為了成名、揚名，光耀門楣，從這一點講，與以文知名者殊途同歸。另一方面，以文知名，享譽文壇，可以被舉薦博學鴻詞，由其他途徑出仕，與讀書、中舉、做官，也結局相同。所謂「文名可以當科第」，即立足於以上兩點。

「勤為搖錢樹，儉是聚寶盆」，意謂勤勞節儉能致富發財，而揮霍浪費只會山窮水盡。揮霍可敗家，勤儉能發家，這是為生活實踐證明了的真理。所謂「儉德可以當貨財」，正是指的這一意思。

「清閒可以當壽考」，則指清閒愜意，無憂無勞，可使身心愉快，優游恬適，如此則不致身心憔悴，憂勞成疾，於延年益壽，助益多多。「清閒」尤其是指心閒，是壽考的重要條件。幾曾見憂愁不展終日苦悶者能得壽考？

一二一

不獨誦其詩讀其書，是尚友❶古人，即觀其字畫，亦是尚友古人處。

【注　釋】❶尚友　上與古人為友。尚，通「上」。

【語　譯】不僅僅吟誦古人的詩篇、閱讀古人的著述，這是上與古人交友，即使是觀賞古人的書法繪畫，也是上與古人交朋友的途徑。

【賞　析】《孟子・萬章下》說：「以友天下之善士為未足，又尚論古之人。頌其詩，讀其書，不知其人可乎？是以論其世也，是尚友也。」《孟子》這段話，便是這則文字立論的基礎。

古今雖然懸隔，但從吟誦古人傳留下來的詩作，閱讀其著述，仍可以讀出其內心的沉思，感受到其激情的律動。由讀古人之詩、讀古人之書，論其世，完全可以準確把握其人的特質，做到「知人」。從古人的作品既能學到寶貴的知識、經驗，還能學到為人風範。古書於人，不啻直諒多聞之友。

書法、繪畫作為一種藝術表現形式，有別於詩、書，但書法、繪畫在其筆墨揮灑塗染中，同樣能見出作者的情志思想，只要具有欣賞書、畫的能力，同樣不難從中感悟到作者的情感、志向、氣度、格調以及思想藝術與操守修養。所謂「觀其字畫，亦是尚友古人處」，不無道理。

一二二

無益之施捨，莫過於齋僧；無益之詩文，莫甚於祝壽。

【語譯】無益的施捨，沒有比施捨和尚更無益；無益的詩文作品，沒有比為祝壽撰作的更無益。

【賞析】僧侶的生活來源，原來主要依靠布施，這在印度佛教與初始流入中國的早期佛教中，已形成一種制度。至唐代，南嶽懷海禪師提出「一日不作，一日不食」，主張並運用禪學於勞動實踐中。這種新的發展，改變了寄生於人的習慣，成為獨有的禪風。張潮這裡對僧人的反感，即表現了當時人民對僧侶寄生生活的情緒。可見，佛教禪宗中的農禪，實在是佛教史上具重大意義的改革，是值得推廣發展的一種有價值的制度。

張潮認為，捨僧無益，祝壽詩文同樣無益。詩文本為抒情言志，有感而發。但在其產生之後，人們逐漸將它應用到日常應酬交際中。這便不免虛情假意，不免矯飾浮誇。文學史上最為人不滿的諛墓之風，即是一例。不獨墓誌，為祝壽而作的詩文，同樣少不了阿諛奉承吹捧頌歌。不著邊際毫無根據的諸多祝願，自然虛假不真，而無才無德卻頌其才高八斗，德比聖賢，更是對詩文體裁的作賤。

兩種無益，在作者，都有強烈的現實性、針對性，是一針見血之論。

一二三

妾美不如妻賢，錢多不如境順。

【語譯】漂亮的小妾比不上賢淑的妻子，富有錢財比不上處境和順。

【賞析】俗語說妻賢夫禍少，有了賢淑的妻子，便有了幸福的家庭港灣，它會給人帶來安寧、恬適、愉快、溫馨，如此，無論做任何事，都能夠專心致志，一往無前，用不著有後顧之憂。甚至在失意時，還可以從此重新獲得力量。「妾美不如妻賢」，妾的美醜無關利害，而妻的賢否則直接關乎男人的事業發展。

富有錢財可以給人帶來體面及生活等方面的諸多便利。但一個富有的人，如果病魔纏身，或妻離子散，或喪妻夭子，或眾叛親離，或迭遭他人算計，或事業屢遭挫折，在此時，他最渴求的自然是平安和順的生活。「平安就是福」，這句俗語當最能表現他的企盼。其實，境順對每個人都是一種福分，較之錢多，它顯得更為重要。

一二四

創新菴不若修古廟，讀生書不若溫舊業。

【語譯】創建新的寺庵不如整修舊有的廟宇，閱讀新書不如溫習讀過的舊書。

【賞析】泛覽百家，蜻蜓點水，走馬觀花，不求甚解，此為讀書求學的大忌。這樣，也許你曾閱書萬卷乃至上百萬卷，但由於未能通體把握，未能理解領悟，你從書中得到的，可能寥寥無幾；而即使這有限的東西，還可能是錯誤的接受。

這當然不是說人的一生中，只能反覆地閱讀幾本書籍；而是說，讀書，尤其是讀經典著作，要深入地不厭其煩地吟讀，對學過的知識，要不斷地進行溫習，在此基礎上，逐漸地擴大讀書範圍。

讀書不為裝潢門面，也不是用來向人炫耀的資本，目的在於求學、獲取新知。我們大可不必在所讀書籍的數量上做文章，而應以獲取知識的多少為標準。張潮這裡所說的「讀生書不若溫舊業」，便是這個道理。而他以「創新菴不若修古廟」來比況說明讀書的方法，可謂新異。

一二五

字與畫同出一原，觀六書❶始於象形❷，則可知已。

【注釋】❶六書　漢代學者分析小篆的形音義而歸納出來的六種造字條例。《漢書・藝文志》稱為：象形、象事、象意、象聲、轉注、假借；許慎〈說文解字敘〉稱為：指事、象形、形聲、會意、轉注、假借。❷象形　許慎〈說文解字敘〉中說：「象形者，畫成其物，隨體詰詘，日月是也。」為六書之一。

【語譯】文字與繪畫產生於同一個源頭，看六書始於象形一種，便可以明白。

【賞析】字畫同源，這在古人，多有論說。如《易經・繫辭》講：「古者庖犧氏之王天下也，仰則觀象於天，俯則觀法於地，觀鳥獸之文，與地之宜，近取諸身，遠取諸物，於是始作八卦。」說的是伏羲察天象，觀地文，查看動物蹤跡與山河大地狀態，而後畫八卦。唐代張彥遠《歷代名畫記》則專節論說了書畫同體這一觀點。但字畫的產生，既不同時期，目的功用也不一樣。繪畫在五六十萬年前的舊石器時代已經出現，而文字則大約產生在原始社會向奴隸社會的過渡時期。繪畫旨在表現某種思想情緒，文字則出於記事的需要。文字的發展，經由了繪畫到表形，進而表意，最後為表音與標音。可以說，繪畫是文字的先驅，它對文字的產生，具有著重要的啟示作用。

一二六

忙人園亭，宜與住宅相連；閒人園亭，不妨與住宅相遠。

【語譯】忙碌的人建造園林應該和住宅在一起，清閒的人建造園林不妨離住宅遠一些。

【賞析】明代嘉靖以來，園林建築空前繁盛。貴戚勛臣、縉紳士夫競相營構，造園選石，爭奇鬥華。其中大小華樸有別，但縱使一小園，一茅檐，一拳石，一勺水，也經之營之，以為適情娛性，養身娛心。張潮這則文字，就主人之忙閒，專談園林的選址。

忙碌之人，瑣事纏身，難得閒暇，時間對他們來說分外寶貴，這類人，張潮認為，要造園亭，可與住宅建在一起，這樣，忙中偷閒片刻，便可以優游園亭之中，獲取點寧靜，得到點調劑。

清閒的人則不同，每天有富裕的時間，對他們來說，玩則要求盡興，如此，不妨講究一些，在遠離住宅、遠離鬧市的地方，選一塊偏僻寧靜、風景宜人的場所，造一所大一點、美一點的園林，可以常往，可以多觀，以觀玩的舒心愉快為標準。

這些論述，對個人家庭園林的建造，是具有實際指導意義的。

一二七

酒可以當茶，茶不可以當酒；詩可以當文，文不可以當詩；曲可以當詞，詞不可以當曲；月可以當燈，燈不可以當月；筆可以當口，口不可以當筆；婢可以當奴，奴不可以當婢。

【語譯】酒可以當茶喝，茶不可以當作酒喝；詩可以當作散文讀，散文不可以當詩讀；曲可以當作詞，詞不可以當作曲；月可以當作燈，燈不可以當作月；筆可以代替口，口不可以代替筆；婢女可以當奴僕使用，奴僕不可以當婢女使用。

【賞析】酒能解渴，所以酒能充茶；茶不具備酒的味道，不具有酒的使人飄然欲仙的功能，所以茶不能充酒。詩可視作有韻的散文，可以表達出散文所要表現的內容，所以詩可以當散文；散文無韻，不講平仄對仗，所以散文不能當作詩。曲與詞同為長短句，曲由詞過渡而來，一些曲，視其為詞並無不妥，而曲與詞又有不少區別：詞比較含蓄，曲則說盡；曲較詞，句調更顯自由；曲以字詞重疊見長，詞則以此為忌諱；曲較詞用韻也更密，如此，視詞為曲，則絕不可以。月光可以照明，所以月可以當燈；燈僅能照一隅而不能照遍九州，故燈不能當月。筆可以代口，寫下要說的話，所以筆可以當口；口只能說不能寫，不能見於文字，不能說出他人心中要說的東西，故口不可以當筆。婢女自身也是奴僕，做奴僕能做的一切，所以婢可以當奴；奴為男僕，不能出入內室，不能與女主人相見，所以奴不可以當婢。

一二八

胸中小不平，可以酒消之；世間大不平，非劍不能消也。

【語譯】胸中小的不滿，可用酒來消除；世間大的不公不平，非利劍不能解決。

【賞析】以酒澆愁，消除胸中磊塊，在古詩中多有寫及，句如曹操「何以解憂，唯有杜康」，杜甫「潦倒新停濁酒杯」，陳與義「草草杯觴恨醉遲」，陸游「衣上征塵雜酒痕」，柳永「今宵酒醒何處」，范仲淹「酒入愁腸，化作相思淚」均是。當憂愁不快，幾碗老酒，飄飄然，神經在近於麻木中由緊繃到鬆弛，得到一陣輕鬆、逍遙，不無快感。但這只是胸中小小不平。

若世間大的不公、不平，如異族入侵、民族歧視、階級剝削、政治迫害、匪人騷擾等等，則非酒能消，必須憤起抗爭，以武器以利劍作殊死反抗，靠刀槍，訴諸武力，才能驅除之、消滅之，從而改變命運。而借酒澆愁，於世間的大不平，則無濟於事。

一二九

不得已而諛之者，寧以口毋以筆；不可耐而罵之者，亦寧以口毋以筆。

【語　譯】不能不阿諛奉承的，寧願用嘴說，不要訴諸筆寫；實在無法忍耐要罵的，也寧可在嘴上罵幾句，不要用筆討伐。

【賞　析】空口白話，查無對證，如果僅限於口頭承諾而無實際物證，便難在法律上作為依據。但白紙黑字，一旦留下文字實跡，情況立即改觀。這是這則文字所說的寧用口勿用筆的含意之一。其二，古人重為人，亦重為文，為人需剛直不阿，為文須言大義明大理，阿諛拍馬自為人不齒，有損人品，過於輕率地訴諸文字，不嚴肅地對待寫作，也為人所輕賤。所以，既不要寫阿諛吹捧他人的文章，也不可以文章作罵人的工具，這都是對文章一道的褻瀆，都不值得稱道，而留下諂媚諛人或潑婦罵街之作，將為個人留下永遠的污點。這則文字，授人以自我保護的金針，可謂無私。但它提倡的滑頭主義，我們卻不敢贊同。

一三〇

多情者必好色，而好色者未必盡屬多情；紅顏者必薄命，而薄命者未必盡屬紅顏；能詩者必好酒，而好酒者未必盡屬能詩。

【語　譯】情感豐富的人一定喜歡美色，但喜好美色的人不一定都情感豐富；豔美的女子一定命運乖蹇，但命運乖蹇的人不一定都是美女；擅長寫詩的人一定喜好喝酒，但喜好喝酒的人不一定都擅長作詩。

【賞　析】先說首句。情感豐富者易動感情，在情感與理智的天平上前者往往占更重的砝碼。這種人，感情易於衝動，比較外露，喜好厭惡，都能從臉上見出。雖然好美色為人之常情，在多情者，表現得尤為突出。反過來，好色的人卻不一定都是多情者。同樣是好色，一些人出於深情，出於對美的傾心神往；又一些人則為動物性的本能衝動，是醜惡的占有欲作祟。兩者有本質的區別。

次說第二句。紅顏薄命，這在男尊女卑、女子為男人玩物或為生兒育女工具的古代，的確如此。但反過來，薄命者不僅美女，也不僅女性。這既有個人造化，也有時代的原因。如由於古代用人制度的不公，才高而門第卑微者便不僅少有得到重用，甚而往往遭到嫉恨迫害，其命運常常較才智平庸者更見坎坷。

再說第三句。文酒風流，古代擅作詩者多好或多能飲酒，這從古代詩詞中吟酒詩之多便能看出。但好酒者未必盡能作詩，這也是人所公認的事實，如屠夫、商賈、武夫、妓者等等，其中能酒好酒者亦多，其能作詩者，則十分寥寥。

一三一

梅令人高，蘭令人幽，菊令人野，蓮令人淡，春海棠令人豔，牡丹令人豪，蕉與竹令人韻，秋海棠令人媚，松令人逸，桐令人清，柳令人感。

【語　譯】梅花讓人感到高潔脫俗，蘭花讓人感到幽雅閑靜，菊花讓人感到野趣橫生，蓮花讓人感到澹泊超邁，春海棠讓人感到豔麗鮮活，牡丹讓人感到豪情滿懷，芭蕉與竹子讓人感到詩意充沛，秋海棠讓人感到嬌豔妖冶，松樹讓人感到超脫飄逸，梧桐讓人感到高遠清純，柳樹讓人感到情思萬千。

【賞　析】梅、蘭、菊、春海棠、牡丹、蕉、竹、秋海棠、松、桐、柳，這十多種植物一方面是自然的，為天地生成；另一方面，由於它們在人類生存空間中與人並存共處，千百年來，人類又不斷將屬於自己的人格的、文化的一些內涵傾注賦予給了它們，使它們具有了某些社會屬性。如眾所周知的梅花高潔，蓮花清白，松樹堅貞，即屬於這一類。人類既首先賦予它們以某種文化人格內涵，反過來，它們又以其特有的文化人格內涵作用於人類。應該說，如此則文字中所例舉的十多種植物，在古代創作中，也是為詩人們吟詠較多的對象，而所謂的其令人如何如何，正是其反作用於人類的具體表現。

一三二

物之能感人者，在天莫如月，在樂莫如琴，在動物莫如鵑，在植物莫如柳。

【語　譯】世間萬物中能夠感動人的，在天上沒有能比得上月亮，在音樂中沒有能比得上琴，在動物中沒有能比得上杜鵑，在植物中沒有能比得上柳樹。

【賞　析】世間萬物中讓人動情的多多，而作者在此獨舉天上之月，樂中之琴，動物中杜鵑，植物中柳樹，究其原因，則在於四物在傳統文化積澱中，與人關係殊密，更為人看中的緣故。月亮在黑暗中給人帶來光明。由於其朦朧，人們賦予它諸多傳說。人們愛月、玩月、賞月、詠月，千古至今不衰。琴音幽雅、賞心，古來被視為文人風雅四藝之一，可見它在人心目中的地位。杜鵑由於與悲泣的傳說親合，其泣鳴更讓人悲從中來。柳樹則由《詩經》中名句「昔我往矣，楊柳依依」，而有折柳贈別的文化蘊涵。看來，作者標舉四物，並非完全出於個人主觀愛好。

一三三

妻子頗足累人，羨和靖梅妻鶴子；奴婢亦能供職，喜志和樵婢漁奴❶。

【注釋】❶樵婢漁奴　唐顏真卿《顏魯公文集・浪跡先生玄真子張志和碑》載，唐張志和在親人亡故後，不復做官，自號烟波釣徒。唐肅宗賜其奴婢各一人，志和將其配為夫婦，號漁童、樵青。

【語譯】妻子兒女最讓人負累，羨慕林和靖以梅為妻以鶴為子；奴僕婢女也能擔任職務，欣喜的是張志和以婢女充樵者以奴僕充漁者。

【賞析】家室累人，有家室子女的多有這種體會。但對此卻有兩種鮮明不同的態度：一是得忙中之樂，覺忙中有趣。擁艷妻嬌子，享天倫之樂，苦則苦矣，感情上有依歸，血脈上有承傳，小則不會有無後之憂，大則為人類繁衍盡綿薄之力，故其甘負妻室之累。二是林和靖一類，不願負其勞苦，願享獨自的清閒、自在、無拘無束，梅妻鶴子，以大自然作伴，得清靜瀟灑之快樂。林和靖一種，古代還被目為高人之舉。與其近同，張志和也有高人之譽。同而不同者，張志和追求的只是高隱，其聞名的〈漁父〉詞便頗能見其隱逸之趣。而他的封奴婢漁童、樵青，以漁者、樵者為職，趣極妙極，是對熱中功名者的調侃，同時也表露了他的真隱情懷。

一三四

涉獵雖曰無用，猶勝於不通古今；清高固然可嘉，莫流於不識時務。

【語譯】廣泛瀏覽即使說沒太大用處，總好於對古今一無所知；清潔高尚當然值得稱道，但卻不要陷於不識時務。

【賞析】這兩句前者談讀書，後者講為人。

就讀書來說，好讀書不求甚解，興趣過廣而不能精專，都是大忌。泛覽雜收不能學有專長，但讀書總會有所收穫，起碼，能夠知書明理，達古今盛衰演變，一定程度上陶冶情操，這較不讀書、不通古今、粗野愚昧、無知膚淺不知好過多少。

就為人來說，保其情操，不與世浮沉，不同流合污，清潔高尚，都是值得肯定讚許的。但清高決不能到故步自封、冥頑不化的地步。一旦這樣，便會自以為是，目空一切，剛愎自用，以我為中心而不顧客觀規律，不顧形勢發展，抱殘守缺，這便是所謂不識時務。既被時代拋棄，也將成為人的笑料。

這些論述，都很值得體味。

一三五

所謂美人者，以花為貌，以鳥為聲，以月為神，以柳為態，以玉為骨，以冰雪為膚，以秋水為姿，以詩詞為心，吾無間然矣。

【語譯】世人所說的美人，應當是具有花一樣的容貌，鳥一般的聲音，月一樣的精神，柳一樣的體態，玉一般的骨骼，冰雪一般的皮膚，秋水一般的姿質，詩詞一樣的心靈情感，這樣，我們便沒有任何可挑剔的道理了。

【賞析】這則文字明確地為「美人」作了界說，既有形式的：鮮花般的容貌，間關婉轉悅耳動聽的聲音，弱不禁風的情狀，純潔無瑕的骨骼，晶瑩潔白的皮膚，清澈明淨的姿質；也有內容的：爽朗儒雅蘊藉清麗的內涵，豐富多情的內心世界。如此具體而微，從外在到內涵全面系統地對「美人」進行界說，古來並不多見。其論雖也間有摭拾陳言處，但也不無創論。如張竹坡所評：「論美人而曰以詩詞為心，真是聞所未聞。」此「聞所未聞」之譬，一經其道出，的確讓人有巧妙貼切之感。可稱為一篇美人專論，是晚明以來崇尚美色的理論結晶。

一三六

蠅集人面，蚊嘬人膚，不知以人為何物？

【語譯】蒼蠅停在人臉上，蚊子叮咬人的皮膚，不知道是把人當作什麼東西？

【賞析】蠅集人面，蚊嘬人膚，這本是自然不過的現象，但一經張潮的法眼慧心，便別有趣味。而稱「不知以人為何物」，更想落天外，在幽默詼諧逗趣中，讓人想到《莊子》的齊萬物，想到佛教典籍中的禪機。

《莊子》中稱「以功觀之，因其所有而觀之，則萬物莫不有；因其所無而無之，則萬物莫不無」。「以趣觀之，因其所然而然之，則萬物莫不然；因其所非而非之，則萬物莫不非」。在莊子看來，事物的貴賤、美醜、大小、有無、是非，並無絕對的區分標準，一切都是相對的。莊周夢蝴蝶，不知是蝴蝶夢為莊周，還是莊周夢為蝴蝶；而蠅、蚊的集人面、嘬人膚，是以人為人，還是以人為物？也許如莊周所說：人、物本就沒有本質不同。既然這樣，人又何必計較其得失榮辱呢？當然，這種唯心主義的相對論，及其虛無消極的情緒思想，是不值得肯定的。

一三七

有山林隱逸之樂而不知享者，漁樵也，農圃也，緇黃❶也；有園亭姬妾之樂而不能享、不善享者，富商也，大僚也。

【注　釋】❶緇黃　僧人緇服，道士黃冠，故以緇黃代稱僧道。緇，黑色。

【語　譯】擁有山林隱居的樂趣卻不知道享受的，有漁夫、樵子、農夫、僧道；擁有園林亭閣、美妻嬌妾的快樂卻不能夠享受、不善於享受的，是富有的商人、居於高位的大官。

【賞　析】無論是山林隱逸之樂，還是園亭妻妾之樂，要能真正充分地享受，必須具備如下條件：一是有經濟實力，能擁有這些東西，在生活上無後顧之憂，豐衣足食；二是有充裕的閒暇，有大量可供自己支配的時間；三是一定程度上超脫名繮利鎖的束縛，注重人生現實享樂。而對於漁夫、樵子、農民、僧道，或為衣食生計勞碌，或為證佛成仙向佛修煉，前者以糊口溫飽為目的，後者以成佛或長生不老為追求，在他們，山林隱逸之樂並沒有實際的意義與價值，謂其「不知」亦可，謂其不屑也無不可。至於富商大僚，其擁有園亭姬妾，卻因求利或逐名，為名、利這永無止境的人生大欲奔波於異鄉，周旋於官場，勞心勞力，無暇顧此，謂其「不能」享固然成立，謂其「不善」享同樣亦恰切。其實人生就是如此，難有十全十美。當你擁有財富擁有權利，你同時也會被財富或權利所役，不得自由或喪失天倫之樂；當你受貧賤之苦，你也許卻會擁有時間，盡享天倫快樂。這或許正是造化的作用。

一三八

黎舉云：「欲令梅聘海棠，棖子想是橙臣櫻桃，以芥嫁筍，但時不同耳。」予謂物各有偶，儗必於倫❶，今之嫁娶，殊覺未當。如梅之為物，品最清高；棠之為物，姿極妖艷。即使同時，亦不可為夫婦。不若梅聘梨花，海棠嫁杏，櫞臣佛手，荔枝臣櫻桃，秋海棠嫁雁來紅，庶幾相稱耳。至若以芥嫁筍，筍如有知，必受河東獅子❷之累矣。

【注釋】❶儗必於倫　出《禮記．曲禮下》：「儗人必於其倫。」謂比擬人必須與被比者同類。❷河東獅子　宋人洪邁《容齋三筆．陳季常》載：陳慥「居於黃州之歧亭，自稱龍邱先生，又曰方山子，好賓客，喜畜聲妓。然其妻柳氏絕凶妒，故東坡有詩云：龍邱居士亦可憐，談空說有夜不眠。忽聞河東獅子吼，拄杖落手心茫然。」河東是柳姓郡望，暗指柳氏。「獅子吼」，佛家比喻威嚴，陳慥好談佛，故以佛家語戲之。後以河東獅吼喻婦人妒悍，大發雌威。

【語　譯】黎舉說：「想讓梅花娶海棠，棖子（估計是橙）役使櫻桃，讓芥菜嫁給筍子，只是生長時間不相同。」我說：萬物各有自己的配偶，比擬一定要屬於同類，像現在說的嫁娶，很有點不恰當。比如梅花作為一種花，品格非常清潔高雅；海棠作為花，姿質極為妖冶豔麗。即使在同時盛開，也不可以成為夫婦。不如讓梅花娶梨花，海棠嫁給杏花，香櫞役使佛手，荔枝役使櫻桃，秋海棠配雁來紅，或許可以相稱。至於像把芥嫁給筍，筍如果有知覺，一定會感受到妒悍婦的淩虐。

【賞　析】這則文字從植物花卉匹配說起，闡明了「物各有偶，擬必於倫」的道理。作者所以不同意黎舉之說，在於梅與海棠，品格相反，一高潔，一輕浮，既不同類，自不可相配。而梅聘梨花、海棠嫁杏、櫞臣佛手、荔枝臣櫻桃，秋海棠嫁雁來紅，則或以品格相近，或以形象性質類同。所謂物聚其類者。自然物如此，人亦同理。擇偶交友，也當慎重。惟性相近，才能更多些共同嗜好、共同情趣、共同語言；性相近是長相聚、長相愛的基礎。否則，交友不倫尚可絕交，夫妻不倫則終生煎熬。河東獅吼，可以為鑑。

一三九

五色有太過，有不及，惟黑與白無太過。

【語　譯】紅、黃、青、白、黑五種顏色，有的太過鮮亮，有的顯得淺淡，只有黑與白兩色適中。

【賞　析】這句話通過簡單的五種顏色比較，說明了人生至大的一個道理：過猶不及。做人，不能咄咄逼人，不能鋒芒過露，不能盛氣凌人，不能太過自負，不能太自以為是；做事，不能逼人太過，不能太過頂真，不能話講得太滿，不能事做得過絕。如此，人無法接受，不能忍受，勢必招致眾叛親離，驅走了別人，也孤立了自己。這並不是說事事中庸，太過中庸則缺乏朝氣，也顯得虛偽。而是說，做人既要講究原則，也需講求靈活。當嚴則嚴，當寬則寬，有寬有嚴，以寬濟嚴，把握了這個度，在人生旅途中，自會受益良多。

一四〇

許氏《說文》❶分部，有止有其部而無所屬之字者，下必註云：「凡某之屬，皆从某。」贅句殊覺可笑，何不省此一句乎？

【注　釋】❶許氏說文　即東漢許慎所著文字學著作《說文解字》。我國首部系統分析字形、考辨字源的字書。書十四卷，敘目一卷，收字九千三百五十三，又重文一千一百六十三，按文字形體及偏旁構造，分列五百四十部。字體以小篆為主，有古文、籀文等異體，則列為重文。每字解釋，大都先說字義，再說形體構造與讀音。

【語　譯】許慎的《說文解字》在分立部首中，有的只有部首這一個字而另外沒有所屬字的，部首下也一定注釋說：「凡屬某部首的字，都从某。」這種多餘的句子讓人覺得很可笑，為什麼不省略這一句呢？

【賞析】「凡某之屬皆从某」，這在《說文》中是固定體式，每部首字均有，如「一」部，「一」下有云：「凡一之屬皆从一。」「丄」部「丄」字下曰：「凡丄之屬皆从丄。」「示」部「示」字下曰：「凡示之屬皆从示。」而像張潮所說的「有止有其部而無所屬之字者，下必註云：凡某之屬，皆从某」，在《說文》中同樣存在，如：「凵」部，獨「凵」字，下曰：「凡凵之屬皆从凵。」「才」部獨「才」字，下注：「凡才之屬皆从才。」「乇」部獨「乇」字，下注：「凡乇之屬皆从乇。」這種情況，是否能視為「贅句」，我以為不然。作為字書，要有固定的格式體例，否則，此部與它部部首便易相混，此其一；其二，文字代有發展，從發展的角度，今之部首無字，在異日則可能有新字補入。所以，這種看似「贅句」的程式，還是有它存在的必要的。

一四一

閱《水滸傳》至魯達打鎮關西、武松打虎，因思人生必有一樁極快意事，方不枉在生一場。即不能有其事，亦須著得一種得意之書，庶幾無憾耳。如李太白有貴妃捧硯❶事，司馬相如有文君當壚❷事，嚴子陵有足加帝腹事❸，王渙、王昌齡有旗亭畫壁事❹，王子安有順風過江作〈滕王閣序〉事❺之類。

【注　釋】❶貴妃捧硯　宋人劉斧《摭遺》載：李白失意，遊華山，過縣，宰方開門決事，白乘醉跨驢過門，宰怒，問其何人，李白供狀，稱：「御手調羹，貴妃捧硯，力士脫靴。」《唐才子傳》也有載。❷文君當壚　《史記・司馬相如列傳》載：卓文君愛慕司馬相如之才，夜與私奔。歸成都，家居徒有四壁，「相如與俱之臨邛，盡賣其車騎，買一酒舍酤酒，而令文君當壚。相如自著犢鼻褌，與保庸雜作，滌器於市中」。❸嚴子陵有足加帝腹事　《後漢書・逸民傳》載：東漢人嚴光字子陵，與劉秀同學。漢光武帝劉秀即位後，他改名隱居。後被劉秀召至京師，論道故舊，「因共偃臥，光以足加帝腹上」。❹旗亭畫壁事　據唐人薛用弱《集異記》載：唐開元年間，詩人王之渙、高適、王昌齡共聚酒亭小飲，有歌伎唱曲。三人相約，若歌伎所唱為自己的詩，便畫壁記之。過一會兒，高適畫一，昌齡畫二，之渙獨無。之渙指伎中最尤者說：若非唱我詩，即不敢與諸君爭衡。此伎果唱之渙得意作「黃河遠上白雲間」。❺王子安有順風過江作滕王閣序事　初唐文學家王勃，字子安。據宋人曾慥《類說》載，王勃乘船泊於馬當地方，遇一老翁，告知他次日滕王閣宴會作記，前往應作，當能名世。老翁為水府主祠，夜來行風助舟，王勃一夜行程六七百里，天明抵洪州，為閻公所邀，作〈滕王閣序〉，以此傳名。

【語　譯】閱讀《水滸傳》，看到魯智深拳打鎮關西、武松景陽崗打虎，因而想到人生一世，一定要做一樁十分快意的事，才不枉來到人世一場。即使不能有這種事，也應當寫出一種自己非常得意的書，大致可以沒有遺憾了（像李太白有貴妃捧硯的事；司馬相如有文君為他當壚賣酒的事；嚴子陵有與帝王共臥，腳放置在帝王肚子上的事；王之渙、王昌齡有旗亭畫壁比較詩名高低的事；王勃有水神助風一夜過江而作〈滕王閣序〉馳名的事這一類）。

【賞　析】《水滸傳》中魯智深拳打鎮關西、武松景陽崗打虎，為民除害是一，打得淋漓痛快是二。在張潮看來，這即是人生最為快意的事。

但魯智深與武松是武士，是好漢，在文人，恐怕只有歆羨誇讚的份。對他們，著書是力所能及的。著一本得意之書，將自己對社會人生的體悟與精闢獨到人所未發的見解形諸筆墨，公諸於世，自己在著書中得到自娛，別人在閱讀中得到享受，讓人增長知識見識，明白人生道理，學到做人處世的原則經驗，如此，也可謂不虛一生。

至於李白有貴妃捧硯事、司馬相如有文君當壚事，嚴子陵有足加帝腹事，王之渙、王昌齡有旗亭畫壁事，王子安有順風過江作〈滕王閣序〉事，或為帝王青睞、貴妃尊崇，或為佳人垂盼傳為佳話，或為帝王推尊賜寵人所歆羨，或為歌者傳唱、名重一時，或得神助、文名鵲起，在古代，多是文人羨慕嚮往的際遇。作者認為，這也應當屬於文人快意事之屬。有所創造，為人所重，既滿足了虛榮心，還在於實現了個人的某些價值。這自然可以說是不虛人生一行。

一四二

春風如酒，夏風如茗，秋風如烟、如薑芥。

【語譯】春風像酒，夏風像茶，秋風像烟像生薑、芥末。

【賞析】這則文字分別以比喻手法對春風、夏風、秋風進行了形象生動的說明。

春風像酒，指的是春風和煦、輕柔，風中攜帶著花的芬芳馨香，讓人感到暖洋洋、輕飄飄。

沐浴在春風之中，如同醉了酒的感覺。

夏風如茗，指的是在夏日盛暑中，有風吹過，給人帶來絲絲涼意，如同啜上幾口清茶，沁人心脾，清爽快意。

秋風像烟，像芥，指的是秋風蕭颯、乾裂，正如烟火熏人、嗆人，又如食用芥末後產生辛辣刺人之感。

這三個比喻，分別以酒、以茗、以烟、薑芥來比況春風、夏風、秋風，貼切、新穎。

一四三

冰裂紋❶極雅，然宜細不宜肥，若以之作窗欄，殊不耐觀也。冰裂紋須分大小，先作大冰裂，再於每大塊之中作小冰裂，方佳。

【注釋】❶冰裂紋 又稱「開片」。指瓷器釉層中出現的裂紋。

【語譯】瓷器中所說的冰裂紋非常雅致，但紋路適宜細小，不適宜粗肥；如果以這種瓷器做窗欄，很不耐看（冰裂紋應當分大小，先造成大的冰裂紋，再在每一塊中造成小的冰裂紋，才好看）。

【賞析】這則文字談到了瓷器中冰裂紋的鑑賞、應用與製作。冰裂紋的產生，起因於胎與釉的膨脹係數存在著差別。又說與燒製溫度有關。原本是製瓷工藝中的一種缺欠，工匠藝人反過來用以裝飾瓷器，卻成為一些瓷窯產品的主要紋飾特徵。如哥窯、郊壇下官窯等，便都以裂紋著稱。裂紋按其稀密與形狀，區分為冰裂紋、魚子紋、蟹爪紋等。張潮欣賞冰裂紋的雅致美觀，但他認為，冰裂紋以細為宜，以肥為忌；不宜作窗欄使用；其製作，應是大中套小，在大塊冰裂中作小冰裂，如此方能稱佳。關於陶瓷藝術，古人及時賢論談者頗多。要作陶瓷收藏，要鑑賞文物中陶瓷一類，需要了解很多的相關知識，有志於此者不妨多做些學習探究。

一四四

鳥聲之最佳者，畫眉第一，黃鸝、百舌❶次之。然黃鸝、百舌，世未有籠而畜之者。其殆高士之儔，可聞而不可屈者耶。

【注　釋】❶百舌　鳥名。即反舌。又稱鶷鶡。以其鳴聲反覆如百鳥之音，故名。立春後鳴囀不已，夏至後即無音。人或有畜之，入冬即死。

【語　譯】鳥類中啼鳴聲最動聽的，畫眉當推第一；其次是黃鸝與百舌。但黃鸝、百舌，世上沒有人能將牠用籠裝起來餵養的，牠們大概是鳥中隱士一類，可以聽聲，卻不能招致使用。

【賞　析】張潮認為，從鳥的鳴叫聲判其高下，畫眉數第一，黃鸝、百舌次之。此論未見殊異處。而其讓人拍案稱絕者，在於將黃鸝、百舌比世之高士。仔細揣味，不無道理。黃鸝、百舌以鳴叫動聽為人喜歡，此正如高士才高品潔為人仰慕一樣；又黃鸝、百舌人不能籠而養之，高士也終不肯為統治階級招致驅使，不肯入統治者的樊籠，其固不乏類同處。有此二端，以高士況黃鸝、百舌，便自然可以成立。《幽夢影》談及高士處頗多，而在論品鳥聲優劣中也不忘以高士作比，足可見作者對高士品格的神往。

一四五

不治生產，其後必致累人；專務交遊，其後必致累己。

【語譯】不從事勞動生產，將來一定會拖累別人；把精力完全放在交結朋友來往應酬上，其後也必然使自己受到牽累。

【賞析】此則文字論人生立世之方，可謂警精。

人生在世，既有精力充沛、年富力強的青壯年時期，也有耳聾眼花、老邁無力的晚年之境。青壯年時期，應當銳意創造，多作些累積，以備晚年之用。手中有糧，心中不慌，有了積累，在衰邁老年，才不致於過分依賴別人，不致於讓人負累太多，進而不讓人生厭，保有自己的人格意志獨立，愉快地度過晚年。

就交友來說，多交益友自然好處很多，但交友是為了更好地學習、工作、生存，交友是手段，後者才是目的，將所有時間都放在交友，最終不僅一事無成、一無所獲，還會因兩手空空使自己無所依靠、糊口都難。並且，交友過濫，難免魚龍混雜，世風險惡，到處都會有陷阱，結交太多，難保不為所交牽累。

年輕當治生產，不可專務交友，此堪為人生立世的箴言。

一四六

昔人❶云：「婦人識字，多致誨淫。」予謂此非識字之過也。蓋識字，則非無聞之人；其淫也，人易得而知耳。

【注釋】❶昔人　指明人徐謨。其《歸有園麈談》中說：「婦人識字，多致誨淫；俗子通文，終流健訟。」

【語譯】前人說：「婦女識字，大多會導致淫穢。」我認為這不是識字的過錯。大概是因為識字的婦女便不是沒有名聲的人，如果她淫穢，別人容易知道罷了。

【賞析】婦女識字誨淫，在今天看來，它的荒唐與不值得一駁是十分顯然的。但在張潮生活的時代，持這種見解的人為數實在不少，有它一定的普遍性。所以會有這種看法，歸根結底，還是男尊女卑的偏見作祟。在他們認為，男人讀書識字天經地義，女人要與男人比肩並坐，卻是可忍孰不可忍。於是，便抓住生活中的偶然事例，大做文章。殊不知淫不分男女，也與識字與否毫不相干。由讀書墮落，則在於讀書者不能正確辨析精華與糟粕，此外，又與社會大背景及教育方式的妥當不妥當有關。以明清社會論，放縱墮落的世風、出版業的失控、色情書籍的泛濫，都直接誘引了淫蕩之風。張潮對這一問題的認識當然不可能像我們現在這樣全面，但他能夠認識到淫蕩放縱與讀書識字無關，能為婦女識字辯護，這在當時，已是需要相當的見識與勇氣了。

一四七

善讀書者，無之而非書：山水亦書也，棋酒亦書也，花月亦書也；善遊山水者，無之而非山水：書史亦山水也，詩酒亦山水也，花月亦山水也。

【語　譯】善於讀書者，到處都是書：山水是書，棋酒是書，花月是書；善於遊玩山水者，到處都是山水：書籍是山水，吟詩喝酒是山水，花月是山水。

【賞　析】張潮可謂善於讀書、善於遊玩山水者。

其實，讀書學習與觀賞山水，具有相通的特性。對善於學習的人來說，不僅從書本中可以學到知識，在遊山玩水、下棋飲酒、觀花賞月中，同樣可以學到知識。處處留心皆學問，關鍵在於能否留心，能否感悟，能否觸類旁通。所謂讀萬卷書，行萬里路，就是這個意思。只有相互印證，相互發明，才能有更深的領悟，才會有所創造。

對善於遊玩山水的人來說，悅目是次要的，主要的在於能得山水之精神，參悟出自然人生的大道理。而讀書、飲酒、賞月觀花，其極致，也應作如是觀。張潮斯言，真可謂得讀書與遊玩山水的三昧。

一四八

園亭之妙在邱壑布置，不在雕繪瑣屑。往往見人家園亭，屋脊牆頭，雕磚鏤瓦，非不窮極工巧，然未久即壞，壞後極難修葺，是何如樸素之為佳乎？

【語譯】園林亭閣的奇妙處在於土山與溝池的匠心營構，不在於細微處的精雕細描。經常看到人家的園林亭榭，屋脊牆頭，所用磚瓦雕刻精緻，並不是沒有極盡精工巧細，然而總是為時不久便就毀壞，毀壞後又非常難以修整恢復，這樣，哪裡比得上樸實素雅的好呢？

【賞析】張潮在這則文字中，就家庭園林建築，闡發了自己樸素為美的觀點。他的理論根據是：

首先，園林之妙在丘壑布置，而不在雕繪瑣屑；其次，窮極工巧者易壞，壞則難修，不能修復則勢必因局部細微而影響整體全局，令人倒其胃口；其三，樸素則不易損毀，毀壞也容易修復。自然，這些理由句句當行本色，為行家行話，極具說服力。

但在明清社會，隨著世風愈趨侈靡，比闊競富，在許多家庭的園林建築，已失去了它本有的意義。在他們，建築園林成了豪富的象徵，於是，盡其貲財，極盡華麗精工，唯圖博一時虛譽，並不望在園林中得長久快樂。這樣，張潮的理論，其道不行，正在情理之中。

一四九

清宵獨坐，邀月言愁；良夜孤眠，呼蛩語恨。

【語　譯】清靜的夜間，孤身一人坐在那裡，只能邀請明月向她傾吐愁緒；美好的晚上，獨個地躺在床上，只有呼喚唧啾的蟋蟀告訴牠自己心中的惆悵。

【賞　析】黃孔植評這則文字說：「此逆旅無聊之況，心齋亦知之乎？」的確，異鄉為客，遠在他方，當漫漫長夜到來時，寄寓旅舍，對清燈一盞，孤身隻影，欲語無人，會感到格外寂寞；而當夜深人靜，萬籟俱寂時，如果再心思重重，不能入眠，蟋蟀的鳴叫，將會使氣氛更顯靜寂，會靜得人心煩意亂。這則文字的妙處在於雖然說孤說愁，卻並不做具體描寫，只是以「邀月言愁」、「呼蛩語恨」，通過向月言愁、向蛩說恨，寫出了高度的寂寥，道出了不盡的愁恨。「邀」、「呼」二字，極形象真切地刻畫出人內心深沉的孤獨落寞。

一五〇

官聲採於輿論，豪右之口與寒乞❶之口，俱不得其真。花案定於成心❷，豔媚之評與寢陋❸之評，概恐失其實。

【注釋】❶寒乞　寒傖不體面；貧困。❷成心　偏見；成見。❸寢陋　醜陋。

【語譯】官員為官的聲名採集於公眾言論中，豪強大族與貧賤百姓嘴裡，都不能得到公允真實的評定；桃色事件容易形成成見，豔媚與醜陋的評說，恐怕早失去了原本的面目。

【賞析】這則文字就採官聲與判花案如何能得其真實，抒發了自己的看法。

作者認為，官聲出於輿論，出於公眾的評價，但豪強大族與貧賤之人的評價，卻難以作準。這一看法，拋開其輕蔑小民的立場不論，應該說有一定的道理。為什麼？豪強大族或與官府勾結，把持官府，官紳一體，他們自然不會公心對官員作出評價；而貧賤之人窮而志短，幻想著官府推恩，不敢有所開罪，其評價也難免失真。

至於花案判斷，此等事最為敏感，極容易先入為主，為成見支使。這樣，便要分外慎重。如有人津津樂道，將其說得如何如何風流，如何如何有趣；或者對其痛心疾首，斥其如何如何醜陋，如何如何傷風敗俗，便都不能完全聽信。因為兩者都摻入了個人感情色彩，這便不免變形，失去其本來面目。

看來，無論對任何事情要做出評價判定，要做到實事求是，得其本真，並不是容易做到的。所以每做一件事情，無論對人對己，都要慎之又慎。

一五一

胸藏邱壑，城市不異山林；興寄烟霞❶，閻浮❷有如蓬島❸。

【注釋】❶烟霞　雲氣。❷閻浮　梵語，一種樹名。泛指塵世。❸蓬島　即蓬萊山。傳說為仙人居住的地方。

【語譯】胸中包藏有山丘壑谷，生活在城市與生活在山林中便沒有區別；興致寄託在雲霧之中，生活在塵世與生活在仙島便不再有什麼兩樣。

【賞析】這則文字強調了心靈感悟與心理狀態的重要。

城市與山林，塵世與仙境，對於人，並沒有太大的區別，關鍵在內心感受。如果你生活在城市中，能夠做到心平氣和，清心靜氣，心遠地自偏，得鬧中之靜，城市對於你，便與山林無異，生活在城市，你一樣可以享受到山中高士所擁有的那份明淨，那份恬淡；如果你生活在紅塵俗世之中，能夠不汲汲於功名富貴，不為金錢財富心動，不陷於兒女情長，不沉湎於酒色財氣，能做到心靈上的超脫，這與生活在仙島之上的仙人，也沒有本質的區別。否則，如果六根不淨，俗念重重，即使生活在山林，生活於仙島，你也不會得高士仙人之樂。

禪宗提出佛在心中，反對著相；提倡內心契悟，反對執著於形式。張潮這則文字，可謂得其精神。

一五二

梧桐為植物中清品，而形家❶獨忌之甚；且謂「梧桐大如斗，主人往外走」，若竟視為不祥之物也者。夫翦桐封弟❷，其為宮中之桐可知。而卜世❸最久者莫過於周。俗言之不足據，類如此夫。

【注釋】❶形家　指看陰陽風水的人。❷翦桐封弟　典出《史記・晉世家》，載周成王與弟叔虞做遊戲，剪削梧桐樹葉當圭，說：「以此封若。」因天子無戲言，後隨封叔虞於唐。❸卜世　用占卜預測傳國的世數。

【語譯】梧桐樹是植物中清貴的品種，但看風水的人偏偏非常忌諱它，甚至說「梧桐大如斗，主人往外走」，竟然把它視為不祥之物。像周成王剪桐葉封賞弟弟，可以看出這桐為宮廷中樹，而用卜卦預測傳國最久遠的，沒有超過周朝。俗言的不足憑據，大多是這樣。

【賞析】中國古代禁忌很多，如漢族家庭忌種榕樹、杏樹，院前院後忌種桑樹、柳樹、槐樹等等，所謂「梧桐大如斗，主人往外走」，也屬於植物禁忌之列。張潮這則文字，則用具體事例，批駁了這一說法的不實，不足憑信。

人所周知，周朝是頗重占卜的。其立國、出征以及種種事故，多要預先卜問，求其吉凶，以知趨避。如此講究的周朝，其宮廷中便植有桐樹，這可以成王翦桐封弟為證。並且，周朝享國八百餘年，歷史最久，它並未因宮廷桐樹而亡國。可見，「梧桐大如斗，主人往外走」，這被風水先生一貫稱用的說法，並不能夠成立。

基於此，張潮連類其他，指出：「俗言之不足據，類如此夫。」對其他的迷信傳說，一道進行了否定。這種批評，是具有科學思想的。

一五三

多情者不以生死易心，好飲者不以寒暑改量，喜讀書者不以忙閒作輟。

【語譯】感情深厚的人，不會因生死存亡而改變衷情；喜好飲酒的人，不會因寒冷炎熱而改變酒量；喜歡讀書的人，不會因為忙碌或空閒而讀書或不讀。

【賞析】三語句句確論，為情中人語，為真好酒者語，為真好讀書者語。

真正的情中人，情之起，一往而深，天長地久，海枯石爛不會變易，不能動搖，以生死陰陽懸隔變心者，均非真情中人。

真正好飲者，自然也嗜酒超過生命，酒便是他真正的生命，生命不息，飲酒不止，飲酒與生命相始終。

真好讀書者，無論如何繁忙，也能夠忙中偷閒，擠出讀書的時間。讀書是他最大的快樂，最大的享受，如一日三餐，不能間斷。以忙為由廢書不讀者，自不能算真好讀書的人。

張潮的論說自可作不刊之論。對我們來說，對此還要有正確的理解。如「多情者」指的是感情堅貞純潔的人，其愛既不是占有，也不為虛榮，而是付出；如「好飲者」，則當量力而行，以酒傷身者，並非真好飲者；如「好讀書者」，並非指見書就讀，而是指在具有正確的讀書方法後，能持之以恆不間斷自己的學習。格言可以指導我們的實踐，但又最忌生搬硬套，這是讀書學習中應當牢記的。

一五四

蛛為蝶之敵國，驢為馬之附庸。

【語　譯】蜘蛛是蝴蝶的敵對之國，驢子是馬的附屬小國。

【賞　析】蝴蝶翩翩起舞，自在飛翔，栩栩於花間，其適意自由，向來為深受塵世中負累的凡人神往。但蝴蝶無知，疏於提防，不免遭遇機關，隨時有生命之憂。而在自然界中，蜘蛛正是蝴蝶的大敵。蜘蛛結網，隨處而設，蝴蝶一旦觸網，投身其中，便無疑飛蛾投火，葬身於此。這也就是所謂的「蛛為蝶之敵國」。

驢與馬，據動物學研究，雖非一個種，但卻有著非常相近的關係。驢馬可雜交生騾，可證。這裡所說的「驢為馬之附庸」，固有這層緣故，更主要的，則是指二者雖同樣可以負累，馬卻更受人喜歡，人常以馬喻人，卻無以驢自比。馬、驢相比，以馬為主，以驢為附，良有以也。

這則文字值得稱道處，正如周星遠所評：「妙論解頤，不數晉人危語隱語。」又如黃交三所說：「自開闢以來，未聞有此奇論。」其妙語頤人，奇論驚人，不能不讓人為張潮的善於比類聯想叫絕。

一五五

立品須發乎宋人之道學，涉世須參以晉代之風流。

【語　譯】培養品格應當發揚宋人理學的精義，立身行世應當參酌晉代的風流灑脫。

【賞析】宋代學術以道學著稱。道學又稱理學，由周敦頤，經程顥、程頤兄弟，到朱熹最後完成。道學的思想體系自然精奧博大，道學家的人品風範與人格思想更將傳統的人格理論發展到極致。如周敦頤《太極圖說》、《道書》，程顥、程頤《二程全書》，朱熹的《朱子語類》、《四書集注》等，對為人品德、人性善惡，多有闡發。張潮認為，樹立人品，這顯然是重要的學習範本。

品格上以宋人理學思想為規範，在處世行事之中，卻要有點晉人的風流灑脫。道學氣太足，為人過於嚴肅板滯，缺乏趣味，過於按部就班，則不僅會水至清而無魚，難以讓人接受，不易與人融洽，對於自己，也會活得太累，過得太苦。

張潮這裡將立品與涉世分開，提出結合道學人品與晉人風流，鑄造新型的人格，應該說，這既是大膽的構想，也是有益的探索。

一五六

古謂禽獸亦知人倫，予謂匪獨禽獸也，即草木亦復有之。牡丹為王，芍藥為相❶，其君臣也；南山之喬，北山之梓❷，其父子也；荊之聞分而枯，聞不分而活❸，其兄弟也；蓮之並蒂，其夫婦也；蘭之同心❹，其朋友也。

【注　釋】❶牡丹為王芍藥為相　上古無牡丹之名，統稱芍藥。唐以後始稱木芍藥為牡丹。舊時品花，以牡丹為花王，芍藥為花相。❷南山之喬北山之梓　據《尚書大傳・梓材》：「伯禽與康叔朝於成王，見乎周公，三見而三笞之。二子有駭色，乃問於商子曰：吾二子見於周公，三見而三笞之，何也？商子曰：南山之陽有木名橋，南山之陰有木名梓，二子盍往觀焉？於是二子如其言而往觀之，見橋木高而仰，梓木晉而俯。反以告商子，商子曰：橋者，父道也；梓者，子道也。」後因稱父子曰喬梓。❸荊之聞分而枯聞不分而活　南朝梁吳均《續齊諧記》載，漢朝有田真弟兄三人欲分家，堂前紫荊樹遂枯死，終不分家，紫荊樹又死而復活。❹蘭之同心　《易・繫辭》：「二人同心，其利斷金；同心之言，其臭如蘭。」後以蘭交稱知己朋友，以蘭之同心喻同心同德。

【語　譯】古人說禽獸也知道倫常關係，我說不僅是禽獸，就是草木也有這種關係。牡丹為花王，芍藥為花相，它們是君臣關係；南山喬木，北山梓樹，它們是父子關係；紫荊樹知道弟兄分家便枯死，知道不分再復活，它深明兄友弟恭；蓮花中的並蒂蓮，這是夫婦關係；蘭花芳香，比之同心，這是朋友關係。

【賞　析】無論是說禽獸知倫常，還是說草木有倫常，宗旨均在於強調渲染人際倫常的重要、不可或缺。

人只要來到世間，便不可避免會遇到諸多人際關係：若為臣，則存在與君的關係；若為子，則存在與父的關係；若為丈夫，則存在與妻的關係；若交遊，則存在與朋友的關係。而如何處理好這些關係，能否擺正自己的位置，則顯得極為關鍵。舊有三綱，稱君為臣綱，父為子綱，夫為妻綱。兩者的關係是指使與絕對服從的關係。其為封建糟粕，自不待言；不足以為法，也可以肯定。但舊有的所謂君明臣賢，父慈子孝；所謂的夫妻相敬如賓、舉案齊眉；兄弟間兄友弟恭；朋友間直諒友誼，這些對關係雙方的具體要求，也仍有其合理正確的內涵，值得繼承學習。

傳統道德在人際關係問題上，有許多優秀的東西，這是我們建立新型人際關係不可輕視的一筆寶貴的精神財富。

一五七

豪傑易於聖賢，文人多於才子。

【語譯】作豪傑比作聖賢容易，文人之數要遠多於才子。

【賞析】翻檢二十五史，堪稱豪傑者車載斗量，而能稱聖賢者屈指可數。為什麼？只要才智出眾，便可以稱為豪傑；而聖賢，則不僅人格品德才能智慧堪稱為最，還要能為人典範，成一代師表。正如張竹坡評曰：「豪傑不能為聖賢，聖賢未必不豪傑。」豪傑只是基礎，聖賢則為極致，不可做等量觀。

「文人才子亦然」（同上張竹坡評），文人不能個個稱才子，才子卻個個是文人。讀書能文便可稱文人，才子則不僅讀書能文，而且才德兼備，富於才情，文章高妙，名揚遐邇。

可以這樣說：作文人易，作才子豪傑難，成聖賢則難中之難。

一五八

牛與馬，一仕而一隱也；鹿與豕，一仙而一凡也。

【語譯】牛與馬，一個是官吏，一個是隱士；鹿與豬，一個是神仙，一個是凡人。

【賞析】先說頭兩句。牛的品性，任勞任怨，或耕耘，或負重，埋頭苦幹，使盡力氣，由人斥罵、鞭抽，絕對服從效力。馬則有別，雖一樣幹活，做人腳力，卻烈性不改；能為人使，卻不肯受人鞭笞、斥喝，一旦遭受鞭抽、斥喝，立刻烈性發作，奮蹄狂奔，似欲掙脫牢籠，求取自由。這是以仕喻牛，以隱喻馬的一層涵義。再從形體動作看，牛笨拙踏實，馬飄逸靈動，這是第二層涵義。

再說後兩句。鹿輕靈，有仙風道骨。豬蠢笨，是肉體凡胎。鹿寄跡山林，豬寄食人間。鹿於大自然採摘食物，食小草樹葉野果花片，飲小溪清泉、湖中碧水；豬則靠人餵養，凡糟糠剩飯無所不食。有此數端，分別比之為仙為凡，自也可以成立。

一五九

古今至文，皆血淚所成。

【語譯】古往今來最好的文章，都由作者血淚寫成。

【賞析】《史記・太史公自序》中說：「昔西伯拘羑里，演《周易》；孔子戹陳、蔡，作《春秋》；屈原放逐，著〈離騷〉；左丘失明，厥有《國語》；孫子臏腳，而論兵法；不韋遷蜀，世傳《呂覽》；韓非囚秦，〈說難〉、〈孤憤〉；《詩》三百篇，大抵聖賢發憤之所為作也。」這裡提出了發憤著書及驚世諸書皆發憤所作的觀點。曹雪芹《紅樓夢》第一回題詩說他的創作，也說：「滿紙荒唐言，一把辛酸淚。都云作者痴，誰解其中味。」可見，歷來名著，古今至文，其作者都經歷了不平凡的人生遭遇；其所創作，都是發自內心，深有感觸，徹悟了人生，欲罷不能不吐不快的東西。也就是說，是用自己血淚澆灌而成，非無病呻吟、敷衍應制所作。「古今至文，皆血淚所成。」要言不繁，十分精闢地概括了古今創作中的一條至為重要的規律。

一六〇

情之一字，所以維持世界；才之一字，所以粉飾乾坤。

【語譯】「情」這一個字，是維繫世界生生不息的因素；「才」這一個字，是將世界修飾得更加美好的因素。

【賞析】《情史》馮夢龍〈序〉中有偈說：「天地若無情，不生一切物。一切物無情，不能環相生。生生而不滅，由情不滅故。……萬物如散錢，一情為線索。散錢就索穿，天涯成眷屬。」既然天地一切因情而生，因情繁衍，因情團結，「情」之為維繫世界存在的因素，便不難理解。而張潮對情的張揚，則是他繼承晚明主情主義思潮的結果。

所謂「才」用以粉飾乾坤，道理比較明白。「才」的存在，便為世界增添了顏色。這是一。其二，才子錦心繡口，其作文，行事，發明，創造，或以錦繡文章，以思想、精神為世界增彩，或以技術，以物質，給世界帶來發展，使世界更加美好。

情以維繫世界，這在今天，我們仍可以作為借鑑，提倡培養整個社會的真誠愛心。如果人人都獻出一份愛，世界將會擁有更美好的明天。

一六一

孔子生於東魯，東者生方，故禮樂文章，其道皆自無而有；釋迦❶生於西方，西者死地，故受想行識❷，其教皆自有而無。

【注釋】❶釋迦　即釋迦牟尼。佛教創始人。姓喬答摩，名悉得多。意即釋迦族的「聖人」。相傳為古印度北部迦毗羅衛國淨飯王的太子。❷受想行識　佛教有色、受、想、行、識五蘊。色蘊即「諸所有法，若過去，若未來，若現在，若內若外，若粗若細，若劣若勝，若遠若近，如是一切略為一聚，說名色蘊」；受蘊，即把

「諸所有受」「略為一聚」；想蘊、行蘊、識蘊，是把想、行、識「略為一聚」。五蘊作為對一切有為法的概括，狹義指現實的人，廣義指物質世界（色蘊）與精神世界（餘四蘊）的總和，是佛教全部教義分析研究的基本對象。

【語　譯】孔子出生在位於東方的魯國，東是生的方位，所以儒家的禮樂文章，它的思想是從無到有；釋迦牟尼出生在西方，西是沉沒死亡的方位，所以五蘊的色受想行識，它的理論都是從有歸無。

【賞　析】這則文字從儒家創始人孔子與佛教創始人釋迦牟尼的出生地——東方、西方——來分析兩家學說的異同，可謂別致，但卻沒有太多的道理。東方是日出之方，象徵生機；西方是日落之地，象徵死亡。但這並不意味出生東方的思想家就一定入世，就一定積極樂觀；出生西方的思想家就一定出世，就一定對人生悲觀消極。孔子所創造的儒家思想入世、積極干預社會，對人生持樂觀進取的態度，這與他的出身、經歷、所受的教育以及時代背景等等有關，有主觀個人的因素，也有客觀社會的原因。而釋迦牟尼所創造的佛教所以悲觀厭世，主張五蘊皆空，也與古印度當時的社會環境及釋迦牟尼個人的人生遭遇相關。將兩位大思想家的出現僅歸因於出生之地，顯然是錯誤的。

有青山方有綠水，水惟借色於山；有美酒便有佳詩，詩亦乞靈於酒。

【語　譯】有青翠的山才會有碧綠的水，水向山借取了顏色；有香醇的美酒便會有好詩，詩也要從酒中討得靈感。

【賞　析】山水相映，方能增輝。有青山，還要有綠水，水借山色，愈見碧綠澄澈，山得綠水相襯，更見青翠欲滴，這是顯而易見的。

至於做詩，需要靈感，同樣是毋須說的道理。古代詩人多能酒，以為酒能激發靈感，幾杯老酒下肚，微醉朦朧中，才思敏捷，激情噴發，所謂斗酒詩百篇，便是說的這個意思。

詩與酒之間，的確有相通之處。詩貴朦朧，講靈性，重跳躍，酒無疑可促成人進入這種狀態。又酒能刺激人的神經中樞，讓人興奮，讓人動情，這都是做詩必須具備的條件，所以，說「詩亦乞靈於酒」，不無道理。

一六三

嚴君平❶以卜講學者也，孫思邈❷以醫講學者也，諸葛武侯以出師講學者也。

【注　釋】❶嚴君平　漢蜀郡人。名遵。以卜筮為生。❷孫思邈　唐華原人。精通醫藥，畢生致力於醫藥研究。著《千金方》、《千金翼方》。

【語　譯】嚴君平是用賣卜的方式傳授學問，孫思邈是用研究醫藥、著作醫書傳授學問，諸葛亮是在行軍打仗中傳授學問。

【賞　析】講學多指傳道授業，解惑釋疑，內容有經、史、子、集，而又以經學、小學為主。這裡以卜學、醫學、兵學為內容，堪稱一奇。

講學多指設帳授徒，師講徒聽，這裡以賣卜、研究著書、行軍打仗為講學，是為二奇。

從三種講學來看，張潮所謂的講學，顯然不是一般的解惑釋疑、開蒙授業，而是更高一級的講學，即講學者都以所講名家，有專門研究，有發明創造，有新知予人；其用以講學者，均能傳之後世，對文化積累有新的貢獻。這可謂真講學者。而其門徒，則有聞聽者，有讀其書者，有耳濡目染得其指授者。較之一般講學，其於社會，更為有益。如孫思邈的著述不僅為醫藥研究的發展作出了有力鋪墊，千百年來，也對行醫用藥多有助益；諸葛亮兵法之於軍事思想發展自有極大價值，而在行軍作戰中得其指授成為兵家者，又將其思想代代相傳，用於戰爭，用於商業經營、企業管理，成了取之不盡、用之不竭的思想寶庫。

可見，講學不必一種，問學也不止一途，只有這樣，才能作育更多的英才，才能為思想文化的發展真正作出貢獻。

一六四

人則女美於男，禽則雄華於雌，獸則牝牡無分者也。

【語譯】人類中女人總比男人美麗，禽類中雄性總比雌性漂亮，獸類中公母卻分不出美醜。

【賞析】此就一般言之，亦心齋遊戲語耳。若平心而論，女中有醜八怪，男中有俊美，以醜八怪比俊男，自不可作同日語。再以獸類來說，獅子、麋鹿等等，其雌雄牝牡也有分別，是否不分美醜，讀者可自己作出判定。

從審美來說，既有客觀性，又有主觀性；既有共性，也存在個性。所謂「一般言之」，是就共性言，就客觀性言，這一點必須明白。

一六五

鏡不幸而遇嫫母❶，硯不幸而遇俗子，劍不幸而遇庸將，皆無可奈何之事。

【注　釋】❶嫫母　古代傳說中的醜婦。《漢書・古今人物表》稱為黃帝妃。

【語　譯】鏡子不幸遇到醜陋的嫫母，硯臺不幸遇到不識字的俗人，寶劍不幸遇到平庸的大將，都是無可奈何的事情。

【賞　析】助人妝扮供人鑑賞的鏡子遇到醜婦，供人書畫寫作點綴斯文的硯臺遇到不識字的粗人，用來過關斬將大顯神威的寶劍遇到武藝不精的庸將，其自身原有的價值即使有連城之貴，到此也變得一無是處。這裡作者以擬人手法，不說人遇到物而說物遇到人，又用物的「無可奈何」，生動形象地抒發了物不得其主的悲哀，表達了對「物」遭遇不幸的同情。

作者所以對物不遇其主給予如此的關注，則與人有類此境遇相關。古話說「學成文武藝，貨於帝王家」；又說「士為知己者死，女為悅己者容」。作為士子，舊時讀書人最大的企盼就是得帝王或權要賞識，步入仕途，施展經綸，建功立業，名標青史。然而這種情況畢竟罕見，更多的是雖有滿腹文章，有文韜武略，卻得不到當道權貴賞識，只能沉淪下僚，淹滯一生，空負了滿肚子才學。這正與鏡子遇嫫母、硯臺遇粗人、寶劍遇庸將相類，豈能不讓人慨嘆！古代創作中對知音之遇謳歌之多，正披露了文人士子對這種際遇的嚮往渴慕。

一六六

天下無書則已，有則必當讀；無酒則已，有則必當飲；無名山則已，有則必當遊；無花月則已，有則必當賞玩；無才子佳人則已，有則必當愛慕憐惜。

【語譯】天底下沒有書便罷了，有書便一定要讀；沒有酒便罷了，有酒便一定要喝；沒有名山大川便罷了，有便一定要遊覽；沒有鮮花明月便罷了，有便一定要觀賞品玩；沒有才子佳人便罷了，有便一定要愛慕憐惜。

【賞析】奇書、美酒、名山、花月、才子佳人，既然存在，便是天造地設，是集天地之靈秀，是自然造化所賦予，只有為人欣賞享受，為人愛慕憐惜，才不枉其存在，不作踐糟蹋天物。所以，有書便一定要讀，有酒便一定要飲，有名山便一定要遊覽領略，有花月便一定要觀賞品玩，有才子便當愛之慕之，有佳人便當憐之惜之，這才叫順應自然，感德造化。但以自然之大，讓人羨慕、希望享樂的東西實在太多，一個人所能擁有所能享受者，也極為有限，欲望超出了生命的負荷，則勢必損命傷生。所以，我們既要充分享受天地賦予，又要節制欲望，珍惜同屬於上帝所賦予的一己的生命，這才是真正的合乎自然之道。

一六七

秋蟲春鳥，尚能調聲弄舌，時吐好音；我輩搦管拈毫，豈可甘作鴉鳴牛喘！

【語譯】秋蟲與春鳥，還能夠調弄出美妙的鳴囀，不時叫出動聽的聲音，我們這些舞文弄墨的人，難道可以甘心寫一些鴉鳴牛喘一般的粗劣文字嗎？

【賞析】這則文字以秋蟲春鳥的調聲弄舌，時吐好音為比，對以文字自命、從事文章撰作的文學家，提出了要求，即：要嚴肅地對待創作，要以寫塗鴉之作為恥，要拿出像樣的作品，否則，將有愧於作為萬物靈長的人類這一稱號。這是具有良知具有社會責任感的文學家發自內心的聲音，是他目睹當時文壇的混亂，目睹相當一批作家把創作當兒戲，以創作為洩私憤、宣淫欲的工具，而發出的具有強烈針對性的批評。這在今天，對我們從事文學創作、文學評論、文學出版，仍具有現實意義。它告訴我們，文學工作者，作為人類靈魂的工程師，將用自己的文字影響塑造一代人的靈魂，這是十分重大又非常嚴肅的工作，是萬不可輕心也決不可不負責任的事情。如果你不能認真地對待自己的創作，不能為讀者拿出精品，請想一下，你是否已經將自己從人類中除名，墮入了連秋蟲春鳥都不如的某類之中。這話未免有些刻毒，但為讀者計，為社會計，我們確實應該充分意識到自己所應負的責任。

一六八

媸顏陋質，不與鏡為仇者，亦以鏡為無知之死物耳。使鏡而有知，必遭撲破矣。

【語譯】容顏醜陋形象不佳的人，卻不與鏡子結仇，是他們認為鏡子是沒有意識的死東西。假如鏡子是有知覺的，一定會被打得粉碎。

【賞析】鏡子無知，對人對物，只能做純客觀再現。唯其無知，不存私心，不懂得媚人，不懂得討人歡心，有時便不免因其將人的缺陷暴露無遺而招致人的憤怒，引來粉身碎骨。但大抵言之，貌醜或有缺陷的人，一般不會同它太過不去。他們知道這是自身存在的，與生俱來的。鏡子告訴了他，使其有自知之明，這要感謝鏡子的坦直。

從這裡我們領悟到，在現實生活中，我們隨時會聽到別人的批評，正確的態度應該是冷靜地心平氣和地自省，如果人家是善意的，是公心的，指出的的確為我們的錯誤，就應該虛心接受，認真改正。照鏡子可以發現相貌上的不足，而以自己周圍的人為鏡子，則能發現自己為人處世、立品治學上的欠缺。常常自照，對不斷完善自我，發展自我，益處自多。

一六九

吾家公藝❶，恃百忍以同居，千古傳為美談。殊不知忍而至於百，則其家庭乖戾睽隔❷之處，正未易更僕數❸也。

【注釋】❶公藝　即唐代鄆州壽張人張公藝。據《舊唐書·張公藝傳》載：其家九世同居。唐高宗祭泰山過鄆州，見公藝，問他何以能夠如此，公藝討紙筆，書百餘「忍」字。❷乖戾睽隔　乖戾，抵觸；不一致。睽隔，乖離；隔閡。❸更僕數　指多得數不完。語本《禮記·儒行》：「遽數之不能終其物，悉數之乃留，更僕未可終也。」

【語譯】我的本家張公藝，靠著百忍維持九世同居的大家庭，千古以來傳為美談。殊不知忍到了百數，這個家庭內部的抵觸不和與矛盾，正是連數都數不清的。

【賞析】大家族以一個男性祖先的幾代子孫組成。這種結構，若溯其源頭，當推至母系社會向父系社會過渡期的家族公社。這種大家庭，人員可以有二三十，也可以到上百數。由於中國社會的超穩定發展，由於中國傳統對宗族制度的留戀，以及統治階級出於長治久安的需要，對宗法制度的鼓吹推尊，大家族——這種原始社會的家庭組織形式，一直頑固地存在，並得到大力宣揚稱頌。這裡所說的張公藝九世同居，便是大家族的典型形態。但張潮顯然並不贊同這種家庭結構。所以，一方面，他認為這事「千古傳為美談」，固然屬於事實；另方面，又指出，其「百忍」而維持，足以說明大家族中矛盾叢生，隔閡甚深，已完全失去家庭的本質，失去了存在的必要。

一七〇

九世同居，誠為盛事，然止當與割股❶廬墓❷者作一例看；可以為難矣，不可以為法也，以其非中庸之道也。

【注釋】❶割股　據《莊子・盜跖》稱：「介子推至忠也，自割其股以食文公。」古代以割股療親為至孝。
❷廬墓　古禮規定，遇君父尊長之喪，在墓旁築小屋居住，稱廬墓。

【語譯】維持九代同堂的大家庭，的確是一件很了不起的大事，但也只可以與割股療親、廬墓守喪作一類情況看；可認為是難得的，不可作為準則。因為這不合乎儒家倡導的中庸之道。

【賞析】這則文字再以張公藝九世同居為例，進一步闡發了為社會宣揚、視為盛事的大家族的不可效法、不值得推廣。

作者認為，九世同堂，陣營龐大，能夠維持一起，這確實是件不易做到的事情。但這種事情，也正如古人宣揚的割股療親、廬墓守孝，可以稱之為難能，卻不可以為法。理由是它不合乎聖人所說的中庸之道。

《四書集注・中庸章句》注說：「中者，不偏不倚，無過不及之名；庸，平常也。」「仲尼曰：中庸其至矣乎，民鮮能久之。」在張潮看來，百忍以九世同居以及割股療親、廬墓守孝等，都不能得不偏不倚的平常之道，都不免極端，是以不足為法。以聖人之道攻陋習之弊，張潮可謂能為文者。

一七一

作文之法，意之曲折者，宜寫之以顯淺之詞；理之顯淺者，宜運之以曲折之筆。題之熟者，參之以新奇之想；題之庸者，深之以關繫之論。至於窘者舒之使長，縟者刪之使簡，俚者文之使雅，鬧者攝之使靜，皆所謂裁制也。

【語譯】寫文章的方法是：內容複雜曲折的，應當用淺顯明白的文字去表達；道理淺顯易懂的，應當用曲折多變的文筆來闡述；題目陳舊的，構思要奇異新穎；題目平庸的，要通過縱深發掘去深化。至於短促的加以發揮擴展，繁縟冗長的刪削使它精簡，粗糙的修飾使它典雅，熱鬧的控制收斂使它趨於平淡，都是做文章時所用的裁剪手段。

【賞 析】中國傳統文論對文章的謀篇布局、構思運筆、修辭煉句等十分講究，並有非常具體的分析闡發。這可見於《文心雕龍》、《文賦》、《文則》、《文章精義》、《論文偶記》這諸多文章學專著中。張潮這則文字雖以小品的形式出之，卻亦可視為一篇文章學專論。其所論說，既精要地概括了做文章的具體技法，也具有鮮明的針對性與較強的應用性。

所謂「意之曲折者，宜寫之以顯淺之詞」，指的是有些內容十分深奧複雜、朦朧抽象，要闡發這些內容，應該用明白淺顯的文字，用通俗條理的形式，才能將它講清楚、說明白，讓人易於理解。

「理之顯淺者，宜運之以曲折之筆」，指有些道理十分淺顯，人人皆知，要寫成文章，則要講究敘寫的騰挪變化，正反結合，只有這樣，才能把淺顯的道理寫得深入，文章本身，也因為形式的富有意味為人喜歡。

「題之熟者，參之以新奇之想」，指對於為人寫爛的題目，要想寫得成功，必須寫出新意，有自己的內容，有獨特的構想，有不同於別人的論述，唯有「新奇之想」，才能推陳出新。

「題之庸者，深之以關繫之論」，指的是對平庸的題目，要寫得不平庸，一定要在事物之間的聯繫、與事物的本質上深入挖掘，只有深的開掘，加強認識的穿透力，才能變腐朽為神奇。

「窘者舒之使長」、「縟者刪之使簡」、「俚者文之使雅」、「鬧者攝之使靜」，則分別就文章敘事匆忙迫促、繁縟囉嗦、俚俗粗陋、過於熱鬧，提出了改正辦法。這便是「窘者舒之」，展開論述敘事，使其紆徐不迫、從容閒雅；「縟者刪之」，刪繁就簡，使其簡要、明晰、條理清楚；「俚者文之」，通過潤色、修飾、斟酌、加工，使粗陋變文雅；「鬧者攝之」，控制敘事議論，注意節奏，使行文既不過於緊張，也不陷於冷淡，得其中和之美。

這些論說，都深得為文三昧，是大作家經驗之談。

一七二

筍為蔬中尤物，荔枝為果中尤物，蟹為水族中尤物，酒為飲食中尤物，月為天文中尤物，西湖為山水中尤物，詞曲為文字中尤物。

【語譯】竹筍是蔬菜中珍貴的品種，荔枝是果類中珍貴的品種，螃蟹是水產品中珍貴的品種，酒是飲食中極佳的物品，月是宇宙中最佳的天體，西湖是山水中最美的景觀，詞曲是文學創作中最妙的文體。

【賞析】竹筍、荔枝、螃蟹、美酒，可以為餐，能夠滿足口腹之欲；明月、西湖、詞曲，可以觀賞、品玩、吟誦，能夠滿足精神需求。由此看來，張潮對生活的態度，不僅重視物質，同樣看重精神，既不以精神追求而疏忽物質追求，也不以貪圖物質享樂而放棄精神上的愉悅。此可謂全面、完整的人生享樂觀。這種見解較之重道重精神而輕物質的聖賢，較放縱人生只求物質享樂的凡夫俗子，顯得既現實合理，也開通高明。真可謂得中正之道者。

一七三

買得一本好花，猶且愛護而憐惜之，矧其為解語花❶乎？

【注　釋】❶解語花　《開元天寶遺事・解語花》載：玄宗皇帝與貴戚同賞白蓮，左右嘆羨蓮美，玄宗指楊貴妃說：怎能比得上我的解語花呢？後以此為美人的代稱。

【語　譯】購買一株美麗的鮮花，尚且還對它愛護憐惜備至，何況對那些能解人語賽過鮮花的美麗佳人呢？

【賞　析】對花的喜愛，雖代代皆然，但晚明以來士大夫的愛花之癖，卻有著新的內涵，有著區別於其他時代人們喜愛鮮花的不同特性。具體表現在：其一，晚明士人的愛鮮花，不僅以其具有美麗的形態顏色，更在於鮮花中已交融進了他們對自然生命的崇拜，對美的渴慕嚮往，鮮花在他們眼中，已人格化社會化，而不是純自然的植物。其二，正因為此，他們愛花成癖，愛得熾熱、執著、強烈，為其他任何時代無法比擬。

張潮認為，對花的愛護、憐惜，是完全正常的，值得贊同的。「花是美人的別號」、「因花想美人」，愛花，即因為它是美人的象徵。

既然這樣，愛花同樣更應該愛美人，因為花畢竟不是美人，不等於美人真身，無論如何，花只是自然物，而美人則不僅可以滿足人們對美的渴慕，且能解語，能與人溝通，能作為知己。如果僅只愛花而不愛美人，不懂得愛護憐惜美人，則無疑本末倒置，買櫝還珠。

一七四

觀手中便面❶，足以知其人之雅俗，足以識其人之交遊。

【注釋】❶便面　用來遮面的扇狀物，後也稱團扇、折扇。

【語譯】察看一個人手中拿著的扇面，完全可以了解這個人是高雅還是粗俗，完全可以看出這個人所交的是哪些朋友。

【賞析】扇子既是驅熱求涼的工具，也是人身分的具體體現，這在明清時代，表現得最為突出。當時扇子，或者用素面，無字無畫，這主要為下層百姓使用；或者用金面，有字有畫，有一定身分者用之。但書畫有真品、贗品，有高雅、低俗，什麼樣的扇面，便能看出一個人的趣味與修養。這也就是張潮所說的由扇面「足以知其人之雅俗」。

所謂由扇面「足以識其人之交遊」，指在當時人們所持扇子，其扇面上的書畫，固然有的買來時即已經具備，但更多的比較講究的卻是買來後再請名人書寫畫製。從其扇面上的書畫，自然也不難知道持扇者究竟與哪些書家畫家有過交往。物以類聚，從其交遊書家畫家的風格品性類推，也可以覘知他其餘的朋友到底是哪種類型。

由手中扇面知人之雅俗，知人之交遊，此可謂見微知著、善於觀人者。

一七五

水為至污之所會歸，火為至污之所不到。若變不潔為至潔，則水火皆然。

【語譯】水是最污穢的東西漂往聚集的地方，火是最污穢的東西躲避不到的場所。至於變不乾淨為乾淨，水火都可以做到。

【賞析】「水為至污之所會歸」，有水集聚的地方，蚊蠅聚集，小蟲繁衍，萍藻雜生，細菌繁殖，時間略久，便水質變腐、臭氣熏人，讓人不堪忍受。「火為至污之所不到」，有火燃燒的地方，飛蟲避退，爬行物逃遁，一旦經火焚燒，無論病菌，還是其他，或灰飛烟滅，或被燒死，留下的只有空白與乾淨。由此可以看出水火不同的特性。但水火也有共同處，這便是或洗滌、沖刷，或烈火中燒烤，都能夠祛除污穢，清去糟粕，變不潔為至潔。方式不同，卻殊途同歸。由此我們又可以提出兩點看法。一、任何事物都有它的兩面性，如水，既是至污之會歸，又可以變不潔為至潔；二、對立中存在統一，矛盾衝突的雙方有時也會有一致的地方，如水火不容，但偏偏有相同的作用，有趣同的結果。從這裡，我們是否能感悟出某種道理？

一七六

貌有醜而可觀者，有雖不醜而不足觀者；文有不通而可愛者，有雖通而極可厭者。此未易與淺人道也。

【語　譯】有相貌醜陋卻耐看的，有雖然不醜卻不經看的；文章有文字欠通卻值得看的，有文從句順卻令人生厭的。其中的道理不容易向膚淺的人說清。

【賞　析】有的人，雖其貌不揚，為人卻真誠不造作，坦率不虛偽，心地善良，品行端方，講道德，有操守，富才情，多學問，具有一顆美麗的心靈，有豐富的精神世界，這種人，人只覺其美而不嫌其醜；有的人，徒有漂亮的儀表，但金玉其外，敗絮其中，為人虛偽，卑鄙齷齪，勢利心性，奸險惡毒，或不求進取，只圖享樂，胸無點墨，膚淺無知，這種人，雖然美儀容，仍讓人感到討厭。

文章也是這樣。有些文章，雖然稚嫩有欠老到，粗糙有欠雕飾，但情感真誠，明辨事理，發自衷腸，情真意切，雖欠通卻有淳樸至誠之美；而另些文章，雖寫得花團錦簇，用筆老辣，技巧嫻熟，結構精嚴，但內容空洞，虛情假意，矯揉造作，玩弄詞藻，並不因它的圓熟而讓人喜愛。

這種為文為人的道理，是顯而易見的，但膚淺的人，以是為非的人，卻永遠不會明白懂得，所以張潮說「未易與淺人道也」。

一七七

遊玩山水亦復有緣，苟機緣未至，則雖近在數十里之內，亦無暇到也。

【語譯】遊玩山水也有某種因緣，倘若這種因緣沒到，那麼即使近在幾十里內，也沒有機會到達那裡。

【賞析】佛教講因緣，認為一切事物都處在因果鏈中，因為果起，果由因來，所有東西都為因果注定，如生死、貧富、貴賤，乃至娶妻生子，交朋結友，以及一飲一啄、一病一災，都有起因，都有因緣。張潮這裡稱遊玩山水亦復有緣，也是這種思想的具體衍繹。而我們現在時髦的說法「隨緣」、「一切皆有緣」，均由此而來。

說事物因果互存，這是正確的；但如果將事物的因果關係神秘化，或過分誇大，便真理成了謬誤，便不可取了。

一七八

貧而無諂，富而無驕❶，古人之所賢也；貧而無驕，富而無諂，今人之所少也。足以知世風之降矣。

【注釋】❶貧而無諂二句　語出《論語・學而》：「子貢曰：貧而無諂，富而無驕，何如？子曰：可也；未若貧而樂，富而好禮者也。」

【語譯】貧窮卻不巴結奉承，富有卻不驕傲自大，這是古人認為的賢德；貧窮卻不把這作為傲人的資本，富有卻能不卑躬屈膝，這是今人所欠缺的。由此可以看出世風的衰退。

【賞析】貧窮易流於缺少骨氣、低三下四；富有易變得趾高氣揚、驕傲自大：這都是人之常情。而貧能無諂，富能不驕，則會受到人們的推尊，也被聖人認可，許其為「賢德」。延及後世，社會在畸變，人心被扭曲。部分人，貧而不能淡泊，富又沒有可能，為求得心理上的平衡，則以貧而驕，以君子固貧作標榜，顯示其清高、不同凡俗；另部分人，因某種機緣，經營致富，成了富人，但暴發戶心態，生意人見識，奉承官長，巴結權要，點頭哈腰，媚態十足，讓人肉麻。張潮稱其為「世風之降」，雖不免缺乏歷史發展的眼光，但卻有其正確的一面。

一七九

昔人欲以十年讀書，十年遊山，十年檢藏。予謂檢藏儘可不必十年，只二三載足矣。若讀書與遊山，雖或相倍蓰，恐亦不足以償所願也。必也，如黃九烟前輩之所云，人生必三百歲而後可乎？

【語　譯】從前人說想用十年時間讀書，用十年時間遊歷名山，用十年時間從事收藏。我以為收藏完全可以不必用上十年，僅二三年足夠了。像讀書與遊歷名山，即使再增加成倍的時間，恐怕也不能夠滿足心願。一定要這樣的話，便要像黃九烟前輩所說，人生必須活到三百歲，那樣才行？

【賞　析】所謂「十年讀書」、「十年遊山」、「十年檢藏」，此十年，也僅舉其成數、約而言之。但將讀書、遊山與收藏在時間上平分秋色，顯然未盡妥當。

相比較，讀書、遊山、收藏三者雖然都可說是精神活動，都重的是精神的愉悅，但又有區別。讀書與遊山重現時，講究個人的修養及享受；收藏則既為眼前的愉悅，也為後世子孫積累，並不像前兩者純粹是精神的活動。而收藏雖然也增進人的知識，卻不如讀書及遊山有許多的收穫。再者，書海無涯，山水無盡，人生一輩子，總有讀不完的書，遊不盡的山水，它們給予人的，也永遠是無窮的，從個人言，較之收藏，它們具有更直接更大的作用。所以，我們認為，在三者時間的分配上，張潮的看法是正確的。

一八〇

寧為小人之所罵，毋為君子之所鄙；寧為盲主司之所擯棄，毋為諸名宿之所不知。

【語譯】寧可被小人所罵，不能為君子鄙薄；寧可不被有目無珠的主考官所錄取，不能讓享有盛名的名流不了解。

【賞析】為小人所罵，說明沒有與小人同流合污；說明舉止方正，德行無虧，是堂堂正正的君子。而一旦遭到君子的鄙薄，為君子不齒，則說明行為不端，為人無德，身有瑕疵，已淪於小人之流。以小人、君子的評價作鏡子，頗能知自己為人的優劣。「寧為小人之所罵，毋為君子之所鄙」，此可為人生立身涉世的座右銘言。

科舉時代，讀書中舉做官，這為讀書人視作人生正途。但讀書能否中舉，不僅取決於學業好壞，更取決於主考官的好惡，尤其到了明清時期，後者愈顯重要。對此，《聊齋誌異》中〈司文郎〉、〈葉生〉、〈賈奉雉〉等篇有極形象的描繪。張潮既明乎此，便也對這「正途」徹底失望，並表明了與之決絕的態度。他認為，為盲主司擯棄不取，並不說明你不具備真才實學；而為其所取，倒也許證明了你的不學欠通。但能否為「名宿」所知、所重，這卻事關重大。為他們看重，說明你學富才高；為他們所知，說明你享名文壇。所以，在為「盲主司」所取、中舉做官，與為「諸名宿」所知、享譽著名這兩者之間，他毅然選擇了後者。這既表明了他對八股科舉弊端的清醒認識，也體現了他別具一格的價值追求。

一八一

傲骨不可無，傲心不可有。無傲骨則近於鄙夫，有傲心不得為君子。

【語譯】做人不能沒有堅貞不屈、勇於追求的傲骨，但不能有目空一切、妄自尊大的傲心。沒有傲骨，便形同鄙陋庸俗的懦夫；有了傲心，便成不了君子。

【賞析】傲骨不可無，傲心不可有。沒有傲骨，既不可能做到富貴不淫、貧賤不移、威武不屈，保有自己完整獨立的人格；也不會遇挫不倒、遇敗不餒，無論逆境順境，都有松柏那樣的品格。更因平庸、無所追求，終其畢生，不能有所作為，有所成就。所以張潮說：「無傲骨則近於鄙夫。」

而有了傲心，目中無人，妄自尊大，沾沾自喜，自鳴得意，這種人不會「愛人」，不會推己及人，不會尊重別人，也不會懂得謙虛做人。既不能「下人」，便也聽不進別人的批評建議，自不會有所長進，得到發展。

君子律己則嚴，待人則寬，謙恭禮讓，中和仁義，明智勇毅，慎獨自省，這諸多品德與有「傲心」者，恰相對立，所以張潮又說：「有傲心不得為君子。」

一八二

蟬為蟲中之夷齊❶，蜂為蟲中之管晏❷。

【注釋】❶夷齊　指伯夷、叔齊，商末孤竹君之子。孤竹君立叔齊為太子。孤竹君死，叔齊讓位給伯夷，伯夷不受，二人共同投奔到周。曾諫阻武王伐商。在武王滅商後，他們逃入首陽山，不食周粟而死。❷管晏　指管仲、晏嬰。管仲名夷吾，字仲，春秋時期潁上人，齊桓公時為卿，治理齊國，使其成為春秋時第一霸主。晏嬰，字平仲，春秋時齊國大夫，歷仕靈公、莊公、景公三世。

【語譯】蟬是昆蟲類中伯夷、叔齊一流，蜜蜂是昆蟲類中管仲、晏嬰一流。

【賞析】據《史記・伯夷列傳》，伯夷、叔齊因避位不肯為君，逃往周。及武王伐商紂，伯夷、叔齊叩馬諫阻。既而商滅，天下歸周，伯夷、叔齊以國亡為恥，義不食周粟，隱於首陽山，採薇而食，終於飢餓而死。蟬作為昆蟲的一種，惟飲朝露與植物汁水，如《荀子・大略》所說「飲而不食」，這與伯夷、叔齊的不食周粟，採薇而食，庶幾仿佛，故張潮戲比牠為伯夷、叔齊。

又據《史記・管晏列傳》，管仲既相齊，通貨積財，富國強兵，與俗同好惡，善因禍而為福，轉敗而為功，為齊國的發展壯大，成為春秋首霸，建下了不世功勛。晏嬰，以節儉力行重於齊。既相齊，食不重肉，妾不衣帛，愛才惜賢，能進思盡忠，退思補過，其於齊國，功勞亦大。倆人作為賢臣，都為國家而奔波忙碌，勞心勞力，殫精竭慮，作出了重大貢獻。蜜蜂一生，終日奔忙，勤於採蜜，不稍休歇，誠如唐代羅隱〈蜂〉詩中說：「採得百花成蜜後，不知辛苦為誰甜？」其辛勤勞作，造福人類，這與管仲、晏嬰相齊的辛勞治國，可謂近之。所以張潮在此戲比以管晏。

一八三

曰癡，曰愚，曰拙，曰狂，皆非好字面，而人每樂居之；曰奸，曰黠，曰強，曰佞，反是，而人每不樂居之。何也？

【語譯】說痴，說愚，說拙，說狂，這都不是好的字眼，但人們往往樂意以此自居；說奸，說黠，說強，說佞，與此相反，但人往往不樂意自稱。這是什麼道理呢？

【賞析】在這則文字中，張潮提出了一個饒有趣味的語言學命題：一些詞，就本義來說，並非好的字眼，但人卻樂意以此自居；另些詞，就本義講，是好的字眼，但人卻不樂意以此自居。這究竟是什麼原因？

對這一問題，可以從三方面進行闡釋。一、從語言學來講，語言隨社會的發展而發展。這不僅表現在隨著社會的發展，語彙增加，語言出現分化統一，還表現在詞的義項不斷豐富擴大，或縮小轉移。如某些詞，原為貶義，後則轉變為中性詞或褒義詞。即以這則文字中所舉例子，便能說明這一問題。二、明代中晚期以來，隨著時代新思潮的產生，人們對長期以來束縛思想，又導致虛偽不真的程朱學說有了清醒的認識，並對之深惡痛絕。他們呼喚真純，反對虛假，而痴、愚、拙、狂，或顯露真性情，或顯示純樸的為人本色，故一時間，多以此為理想的人格追求；而奸、黠、強、佞，或機詐、或虛偽、或凌人，人們則對之生厭、反感。三、晚明以來，人們對崇尚自然、歸璞返真的老莊學說重新給予認同，提倡出於本真的痴、愚、拙、狂，反對機巧非本真的奸、黠、強、佞，正是這一思潮的具體表現。

上述，或許能為張潮的發問作解。

一八四

唐虞❶之際，音樂可感鳥獸❷，此蓋唐虞之鳥獸，故可感耳。若後世之鳥獸，恐未必然。

【注釋】❶唐虞　即唐堯、虞舜。古史稱他們均以揖讓有天下，是後世所說的太平盛世。❷音樂可感鳥獸

《尚書・益稷》載：「〈簫韶〉九成，鳳皇來儀。」

【語　譯】在堯舜時代，音樂可以感動鳥獸。這大概是堯舜時代的鳥獸，所以能夠感動。像後世的鳥獸，恐怕就不一定能夠如此。

【賞　析】在古史中，堯舜時代是讓人神往的盛世與清明時代。《史記・五帝本紀》有具體描述，可以參看。

張潮這則文字，實是借古諷今，以堯舜時代的鳥獸能知音樂，為音樂所感，來諷刺當時世風的沉降，人心不古。

有關明清社會風氣的墮落，在正史野史中，記載很多，如所說的驕奢淫逸，倫常崩壞，金錢萬能，世風險詐等等，便都談的是這一問題。有識之士既為之憂心如焚，也希望能挽狂瀾於既倒。從這裡張潮對世風日壞的憤慨，可以看出，他也對此深表憂患。

以上是就內容言之。再就形式看，張潮言世風之降不作正面闡論，卻說唐虞時代的音樂能感鳥獸，其鳥獸為唐虞時代的鳥獸；而「後世之鳥獸，恐未必然」，通過鳥獸變化的今不如昔，暗示出今人的不如過去，從而反映出世風墮落的事實，這種寫法，既委婉含蓄，也鞭辟入裡，其效果遠勝作正面論說。

一八五

痛可忍，而癢不可忍；苦可耐，而酸不可耐。

【語譯】疼痛可以忍受，但癢卻不能忍受；苦可以禁得起，但酸卻讓人經受不了。

【賞析】疼與癢，苦與酸，其作為自然生理反應，在每個人，都有經歷，不難體會到張潮所論的確當。

在生活實踐中，在我們生存的具體社會，細心觀察，更能感受到張潮這一論斷的精闢絕妙。譬如一個人，也許是頂天立地的，他如果身中毒箭，相信他也會像關雲長刮骨療毒那樣，談笑風生，絲毫不畏懼疼痛。但當他遇到巧言令色鼓舌如簧者，對他奉承鼓吹、拍馬溜鬚，投其所好，阿諛獻媚，縱或一時不為所動，時間既久，他卻會敗下陣來給拍馬者賜官加爵，聽信其讒言，以之為心腹。這種例子，在現實中，在歷史上，俯拾即是。何以故？以搔到癢處，讓其開心也。這是關於「癢」。

再說「酸」。你為人也許並不害怕別人對你進行嚴厲的批評，也不介意生活、工作的大艱大苦，但當你生活在酸腐的人群中，或為酸腐的人所糾纏，你則會感到分外的痛苦、沮喪，心裡會像潑倒了油鹽醬醋茶，感覺不出是何種滋味。這種苦，是說不清講不明又讓你分外難受的苦。

「癢不可忍」，奸小偏會搔癢，故能左右逢源；「酸不可耐」，倘有人解得此苦，蓋亦會無往不勝？

一八六

鏡中之影，著色人物也；月下之影，寫意❶人物也。鏡中之影，鉤邊畫❷也；月下之影，沒骨畫❸也。月中山河之影，天文中地理也；水中星月之象，地理中天文也。

【注　釋】❶寫意　國畫畫法的一種，即以精鍊的筆劃勾勒物的神意，不以形似見長。❷鉤邊畫　國畫畫法的一種，即用線條勾描物象輪廓的鉤勒技法所畫的畫。❸沒骨畫　國畫中花鳥畫法之一種，繪時布彩肖物，不用雙鉤，有類今天的水彩畫。

【語　譯】鏡子中的人影，是上了色的人物畫；月光下的人影，是寫意的人物畫。鏡子中的人影，是鉤邊的人物畫；月光下的人影，是沒骨的人物畫。月中山河之形，是天體中的地理；水中的星月投影，是地理中的天體。

【賞　析】古鏡以銅磨製而成，鏡中人影，不如目今玻璃鏡的清晰，而蒙有一定的色彩，故稱鏡中之影為著色人物；月下人影，朦朧模糊，無法細觀知微，只能見其精神，故稱月下人影為寫意人物；鉤邊畫以線條鉤描物象輪廓，次敷彩色，工筆見長，一如鏡中人影，故稱鏡中之影為鉤邊之畫；沒骨畫以筆墨為骨用彩色描繪物象，重神似而輕形似，故又稱月下之影為沒骨之畫。明月當空，翹首望月，其中陰影，或似山、似水，一如地上形勝，以其處於月中，故稱天文中地理；天上星月倒影入水，觀玩水中，有星有月，宛似天在水中，故稱地理中天文。

通觀整則文字，或寫影，或寫象，均就虛寫虛，又幻中存真。所謂就虛寫虛，以其所寫，無論鏡中之影、月下之影、月中山河之影，抑或水中星月之象，都非真物，而作者又以畫比之，以天文中地理、地理中天文稱之，誠如惲叔子所評：「繪空鏤影之筆。」但虛則虛矣，作者以實比之，又顯得生動、真切，此所謂幻中存真，深得藝術描寫真諦。

一八七

能讀無字之書，方可得驚人妙句；能會難通之解，方可參最上禪機。

【語譯】能解讀自然、人生這樣的無字書，才能夠寫出讓人驚嘆的奇文警句；能領悟極難理解的經解文字，才能夠參悟最深奧精微的禪學要義。

【賞析】這則文字「從悟而入」，由創作到參禪，說明了悟性的重要與不可缺少。

創作是這樣，沒有豐厚的學養與生活經驗，沒有超凡的「悟」性，不能感悟出山川自然、社會人生中所蘊藏的豐富底蘊，便只能亦步亦趨，拾人餘唾，不會有創造、有發明，更不會有奇想異思，警句妙文。驚人的妙文不從模仿而來，靠的是體悟，靠解讀自然人生得出。

不能解讀自然人生，缺乏至上悟性，不僅是創作的大忌，之於參禪，要參悟出大智大慧，領會到人生宇宙的至理，自也無異於痴人說夢。這裡所說的「難通之解」，指的不是淺顯易知之「解」，而是凡人不能領悟明白的「難解」。「解」中所講，涉及到宇宙自然、社會人生等玄而又玄的問題。對於這類「難解」，沒有高人一籌的悟性，當然無法會通，無法領悟其真諦，這和參禪雖不同層次，道理相通。所以，張潮又將「能會難通之解」作為「可參最上禪機」的前提。

一八八

若無詩酒，則山水為具文；若無佳麗，則花月皆虛設。

【語譯】如果沒有詩歌美酒，那麼山水風景便是徒具形式的空文；如果沒有麗質佳人，那麼鮮花明月也都等同虛設。

【賞析】山水、花月為形式，詩酒、佳麗為內容；山水、花月為軀殼，詩酒、佳麗為靈魂。

山水對於人的意義，在於它蘊含著人文精神，人們由山水中，能領略感悟出自然人生的某種至理；又山水以其勝境，給人愉悅，令人適情，能夠助人以靈感，予人以啟迪，使人有妙詩奇文，使人飲酒能進入化境。詩酒是目的，山水為手段，後者因前者才使其意義倍增。

花月與美人也復如是。俗語狀佳人之美，多稱花容月貌，可見在花月之中，早已融進了美人的精神，花月也似乎變成了美人的替身。人們的賞花玩月，由其鮮艷、亮麗，感受到美人的神韻、情態，也極自然。花月是賓，美人是主，賓為襯托烘染主而存在，倘若喧賓奪主，自然失去意義；如果沒有佳麗，則花月亦皆虛設。

一八九

才子而美姿容，佳人而工著作，斷不能永年者。匪獨為造物之所忌，蓋此種原不獨為一時之寶，乃古今萬世之寶，故不欲久留人世，以取褻耳。

【語　譯】才子又長得俊美，佳人又擅長寫作，一定不會長壽。不僅被造物主妒忌，還因為這種人原本不只是一時的寶物，而是古往今來千秋萬代的寶物，所以不想長久停留人世招致輕侮褻瀆。

【賞　析】成語說「才大難用」、「才廣妨身」，又說「佳人薄命」、「紅顏命薄」，便說的是高才往往淹蹇，佳人每多命苦。既然如此，才子又俊美，佳人再多才，必當如張潮所說：「斷不能永年者。」

何以如此？張潮在這裡也試圖做出圓滿解答。在他看來，原因有二：一是好事占盡，有違造物主平衡天下之理，必為造物主所忌，故以不能壽考予之，必令其有所缺憾；二是此種人為千秋萬代罕見寶物，生活在紅塵俗世，久則懼遭玷污，懼被穢褻，故早早離去，以保清白。

這種解釋，當然是主觀唯心的論調，不經之談。其實，成語本身便已作了不解之解。才大難用，是因用人者偏狹，妒其才而不用；才廣妨身，是因自身的恃才傲物，招人反感，引來不快。至於紅顏佳人的薄命，乃為古代男尊女卑視佳人為玩物所導致。這些，在今天，已是不攻自破了。

一九〇

陳平❶封曲逆❷侯，《史》、《漢》注皆云「音去遇」。予謂此是北人土音耳。若南人四音俱全，似仍當讀作本音為是。（北人於唱曲之曲亦讀如去字。）

【注釋】❶陳平　漢初陽武人。少家貧，好黃老之術。陳勝起義時，投魏王咎。後從項羽入關。又歸劉邦。漢朝建國，封曲逆侯。惠帝、呂后、文帝三朝為相。❷曲逆　古縣名，因曲逆水得名，即定縣。

【語譯】陳平受封為曲逆侯，《史記》、《漢書》注都讀「音去遇」，我認為這是北方方音。像南方人平上去入四聲都有，似乎仍應當讀作原本的入聲才妥。

【賞析】這則文字從聲韻學角度，就《史記》、《漢書》注「曲逆」作「去遇」進行了商兌。張潮認為他們所以讀作「去遇」，是由於北方無入聲，方音讀法所致。因無入聲，故入聲字「曲」只能用音近的去聲字「去」代之。但如果是南方人讀，四聲俱備，仍應當用本音讀入聲，而不必勉強替代。這種意見，從講究四聲的古代言，自有其道理，但要放在推廣官話的立場，從語言的統一來談，便不值得提倡了。

一九一

古人四聲俱備，如「六」、「國」二字皆入聲也。今梨園演蘇秦劇，必讀「六」為「溜」，讀「國」為「鬼」，從無讀入聲者。然考之《詩經》，如「良馬六之」、「無衣六兮」之類，皆不與去聲叶，而叶祝告燠；「國」字皆不與上聲叶，而叶入陌質韻。則是古人似亦有入聲，未必盡讀「六」為「溜」，讀「國」為「鬼」也。

【語　譯】古代人四聲都有，像「六」、「國」二字便是入聲。目今戲班演〈蘇秦相六國〉，一定讀「六」為「溜」，讀「國」為「鬼」，卻從沒有讀作入聲的。但據《詩經》考證，像「良馬六之」、「無衣六兮」之類，都不與去聲叶韻，卻叶祝、告、燠；「國」字都不與上聲叶韻，卻叶入聲陌質韻。由此可見古人似乎也有入聲，不一定都讀「六」為「溜」，讀「國」為「鬼」。

【賞　析】這也是一段專論入聲的文字。作者認為古人四聲俱備，如《詩經》中「良馬六之」、「無衣六兮」，「六」字叶入聲祝告燠韻，「國」字叶入聲陌質韻，即是。既然如此，目今戲班演〈蘇秦相六國〉，其讀「六」為「溜」，讀「國」為「鬼」，叶去聲、上聲而不叶入聲，則顯然不當。但所有戲班都如此，其以訛傳訛，大有謬誤成真理之勢，所以張潮專作考辨，以正視聽。

一九二

閒人之硯，固欲其佳；而忙人之硯，尤不可不佳。娛情之妾，固欲其美；而廣嗣之妾，亦不可不美。

【語　譯】清閒人的硯臺，固然要它優良；忙碌人的硯臺，更不可以不優良。為愉悅性情討的姬妾，固然要美麗；而為生兒育女討的姬妾，也不能夠不美麗。

【賞　析】硯臺為古時文房四寶之一，它既是風雅的點綴，斯文的象徵，也是文人書畫撰著不可或缺的工具。對清閒的人來說，多的是閒情逸致，有的是閒暇，擁有一方上好的硯臺，把玩之，觀賞之，優哉悠哉，自得其樂，不勝快哉！而對終日繁忙、往來應酬，難得閒隙的人，精美的名硯尤為需要。所謂工欲善其事，必先利其器，有了好的硯臺，能事半功倍，可節約時間，此其一；忙碌之人最寶貴的時間，平時不得空閒，難得遊樂，精神上那根弦繃得很緊，人也活得極累，有一方佳硯，於操筆染翰之際，對佳硯，寫作的順便，即可以得到美的欣賞所帶來的愉悅，既不誤工作，又得到精神上的休憩，此其二。

舊時置妾，或為娛情，或為廣嗣。出於娛情，妾的美醜，至關重要。對醜婦無法引起美的愉悅，有佳人相伴則讓人心飛神弛，心意蕩漾。而為了廣嗣，雖然廣嗣是目的，但既然朝夕相對，若對醜婦，也不免有煞風景，不免讓人心裡黯淡。所以在張潮看來，無論是娛情還是廣嗣，美貌都是置妾的首選條件。

一九三

如何是獨樂樂，曰鼓琴；如何是與人樂樂，曰弈棋；如何是與眾樂樂，曰馬弔❶。

【注　釋】❶馬弔　紙牌名，共四十張，分四類，是明代萬曆以後流行的一種賭博遊戲形式。

【語　譯】怎樣是獨自一個人快樂？這便是彈琴；怎樣是與人一起快樂？這便是對弈；怎樣是與眾人共同快樂？這便是馬弔。

【賞　析】《孟子．梁惠王》中孟子問齊王說：「獨樂樂，與人樂樂，孰樂？」「與少樂樂，與眾樂樂，孰樂？」是說獨自一個人欣賞音樂快樂，卻不如與別人一起欣賞音樂更快樂，與眾人一起欣賞音樂最快樂，主張君王與民同樂。這則文字用斷章取義的形式，幽默詼諧地戲談了娛樂的三種形式：鼓琴、弈棋、馬弔。鼓琴者獨自一人，或以琴弦表達內心的歡娛，或抒發個人的哀傷憂愁，自彈自賞，在情感的宣洩中得到快感，在優美的旋律中得到美感，此謂獨樂。弈棋須得兩人，黑白雙方，對一方棋枰，設局布陣，攻堅殺伐，在爭執對陣中，兩人共同享其快樂，此謂與人樂。馬弔四十張牌，要四人入局，講牌式、坐次拍散、買注、鬥百老法、弔法、看賞法、免鬥、開注、罰例，頗饒趣味，四人共樂，此謂與眾樂。藉亞聖對樂的三種形式概括，戲說娛樂的三項內容，富有機趣，似也不無調侃。

一九四

不待教而為善為惡者，胎生也；必待教而後為善為惡者，卵生也；偶因一事之感觸而突然為善為惡者，濕生也（如周處❶、戴淵❷之改過，李懷光❸反叛之類）；前後判若兩截，究非一日之故者，化生也（如唐元宗❹、衛武公❺之類）。

【注釋】❶周處　西晉人。字子隱。少孤，橫行鄉里，鄉人將他與南山虎、長橋蛟並稱為三害。周處聞此，決意悔過，殺虎斬蛟。後官至中丞。❷戴淵　東晉人。字若思。少好遊俠，不拘細行。他曾行劫陸機乘船，為陸機點化，遂感悟，並與陸機成契友。❸李懷光　唐人。勇鷙敢誅殺。郭子儀委以紀綱，軍中畏之。為人疏而愎。後為部將所殺。❹唐元宗　即唐玄宗。早期銳意圖治，史稱「開元之治」。後任用奸相李林甫、楊國忠，寵楊貴妃，政治敗壞，導致安史之亂。❺衛武公　春秋時衛國國君，莊公之父。犬戎殺周幽王，他與諸侯平亂有功，被平王封為公。

【語譯】不待後天教育而本性知道為善為惡的，這是胎生；一定有待後天教育然後知道為善為惡的，這是卵生；偶爾因為某件事的感觸，突然間為善或為惡的，這是濕生（像周處、戴淵的改過，李懷光的反叛這一類）；前後明顯不同分出兩截，畢竟不是一天兩天間變化的，這是化生（像唐玄宗、衛武公之類）。

【賞析】佛教認為有情出生的狀態分四種，即胎生、卵生、濕生、化生。胎生由母胎而生，如人、畜生及兩足的蟲；卵生由卵殼而生，如雞、雀等；濕生又稱因緣生，由濕氣、濕地而生，如腐肉中的蟲、蚊蟲等；化生指無可見之物為依託，而借業力生現，如諸天神、餓鬼、地獄中的受苦者，也即是在天上或地獄中因變化而生的。張潮說，胎生者本性便有善有不善，卵生、濕生、化生非關本性，而是或因後天教育所致，或為一事感觸而成，或以漸變所致。稱周處、戴淵的一念之起而改過、李懷光的一念之差由忠而反為濕生，稱唐玄宗、衛武公的前後治亂判然有別為化生，藉佛教概念解釋人事變化，堪稱新鮮別致、智慧之語，可謂點石成金。

一九五

凡物皆以形用，其以神用者，則鏡也，符印❶也，日晷❷也，指南針也。

【注　釋】❶符印　用作憑信的印璽圖章等類。符，合也；信也。❷日晷　這裡指古時用來測日影定時刻的儀器。

【語　譯】大凡物體多按它的外形發揮作用，靠奇妙的神理來產生作用的，有鏡子、符印、日晷、指南針。

【賞　析】俗話說處處留心皆學問，張潮真所謂能留心、善於體察事態物理者。

凡物件多以形用，如鍋碗能盛飯煮飯，衣服能遮體禦寒，櫥子能盛放東西，床能睡臥等等即是。而又有不以形用，以奇妙的神理產生作用的，如鏡子可以攝入人影，可以變幻肥瘦長短；符印可以藉以辨真假；日晷能用來測日影定時刻；指南針能夠在任何地方給人指示方向，這都以神而不以形被用。

而在今天，隨著物質文明的高度發展，以神為用者日趨豐富，如電視、電話、電腦，如火箭、衛星，如諸多醫療器具，以及各種電氣化設備，窮極神奇，甚至有著不可思議的功能，讓人驚嘆。以神為用，多體現了人的創造與精神智慧。將物以其所用而劃分形用、神用，張潮也善於總結。

一九六

才子遇才子，每有憐才之心；美人遇美人，必無惜美之意。我願來世托生為絕代佳人，一反其局而後快。

【語譯】才子遇到才子，常有相愛相敬的心理；美人遇到美人，必然沒有相互愛惜的意思。我希望下一輩托生為絕代美人，一反這種不相愛憐的情態，這樣才感到快意。

【賞析】妒嫉的產生，一在於妒嫉者心胸偏狹，二在於生存空間的狹小。

妒嫉者最怕看到別人勝過自己，最不能容忍別人比自己出色，而每個人的精力、能力均有限，要事事時時勝過他人，絕非容易。在希望處處強於別人與事實上的不可能處處強於別人這組矛盾中，心胸偏狹的人便油然而生出妒嫉的心理。這是一方面。

另外，每個人的生存空間很大，同時也很小。有健康心態的人，認定自己的目標，走自己的路，不左顧右盼，從不以為他人會妨礙自己，對這種人來講，空間自然很大；而對心態扭曲者，並沒有做一番大事業的宏大理想，排他意識太強，覺得有我便不能有他，別人的存在，總會妨礙自己的發展。在這種人，做事在其次，而與人較短長、比優劣，則是突出的心理。如此，他的空間便很小，小到處處事事與人競爭。

而這則文字中所說的美人相妒相嫉，既有如上所說的原因，還有古代以女人為玩物、男尊女卑觀念所導致的女性變態心理這一特殊的因素。要生存，要爭寵，必然相互嫉妒，必然排他。但張潮的一概而論，正如其所說的「才子遇才子，每有憐才之心」一樣，不免絕對。這也暴露了他思想深處仍不無重男輕女的偏見。

一九七

予嘗欲建一無遮大會❶，一祭歷代才子，一祭歷代佳人，俟遇有真正高僧，即當為之。

【注釋】❶無遮大會　梵文音譯。謂賢聖道俗上下貴賤無遮，平等行財施和法施的法會。

【語譯】我曾經想舉辦一次無遮大會，一用來祭奠超度各個時代的才子，二用來祭奠超度各個時代的佳人。等遇到真正的高僧，便可付諸實施。

【賞析】張潮對才子佳人似乎格外鍾情，在《幽夢影》書中屢多道及，可為明證；這裡又稱欲以無遮大會祭之，說明了在他內心深處這種情結的何等深摯。

所以要祭奠歷代才子佳人，其一出於他對才子佳人的景慕；其二是因為歷代才子多坎坷，佳人多薄命，張潮很為之不平，希望通過祭奠，使其才情美貌得到社會認同，一吐其怨恚，又有佛法超度，使之得以脫離苦厄。

而所以「俟遇有真正高僧，即當為之」，謂非道高德深之僧，不具備超度才子佳人的資格，也不具有能使才子佳人超度的真法力。這一方面強調了才子佳人的不同流俗，意在重之；另一方面，也體現了張潮對才子佳人用情之深、之真。但才子佳人生前不能展其風采、施其懷抱，必待死後去得「超度」，這表現了才子佳人的悲哀與不幸，也暴露了製造這種悲劇的時代的黑暗與殘酷。

一九八

聖賢者，天地之替身。

【語　譯】聖賢是天地的化身。

【賞　析】漢代經學大師董仲舒以「五常」配「五行」，認為兩者是對應同構的關係。在此基礎上，他提出「天人合一」這一學說。此學說包括三層含義：一、形體上的合一；二、情感上的合一；三、規律上的合一。有了這些對應、合一，天是大宇宙，人便是小宇宙；人事體現了天意。所謂「王道之三綱，可求於天」；「君權天授」；「天將陰雨，人之病故為之先動」，都表現了這種思想。張潮這裡所說的「聖賢者，天地之替身」，也不無這一思想的影響。

具體而論，張潮這句話又包括以下兩方面內容。一、聖賢以身垂範，以其身體力行，示人典範，給世人以具體而可以把握的各種規則，如為人處世、道德操守等等，使世人可依可學；而其本身的道德文章，也是天地賦予造就，是造化的大手筆製作。二、聖賢傳道授業，替天行道，通過講學、著述，與人交遊，闡發天地自然之理，講上天好生之德。如孔子之《論語》、孟軻之《孟子》等。聖賢著述中，講自然地理、社會歷史、人生人倫，對人類自然一切大道理、大學問，多有演說，多有發明，逕可視為天地造化的代言。有這兩點，稱聖賢是天地的替身，當之無愧，允為至論。

一九九

天極不難做，只須生仁人君子有才德者二三十人足矣。君一，相一，冢宰❶一，及諸路總制撫軍❷是也。

【注　釋】❶冢宰　周代官名，又稱大宰，為六卿之首。後世又稱吏部尚書為冢宰。❷諸路總制撫軍　路，行政區劃，宋代地方官制分路、州、縣三級，全國共有十五路；元代路為行省以下的區劃。總制，即總督，為地方最高級長官，轄一省或二三個省，綜理軍民要政。撫軍，清代巡撫的別稱，為省級地方政府長官，總攬一省的軍事、吏治、刑獄等，地位次於總督，仍屬平行。

【語　譯】作為造物主的上天並不難做，只要降生仁厚有德的正人君子二三十人便夠了。這些人一個做君主，一個做宰相，一個做冢宰，其他分別做各路的總制、撫軍，天下即可太平。

【賞析】古代中國是官本位的社會，官之權，生殺予奪，整個社會的治亂、風俗的厚薄、道德的高下、經濟的冷熱，均與官的所思所行直接相關。他們制定的政策，他們的所作所為，都對社會的穩定、文明，具有著極重要的影響。所以張潮認為，若上至帝王、宰相、冢宰，下到各路總制、撫軍，這些人只要都能由仁人君子、有德有才者充當，貪官污吏等奸惡之徒自然會銷聲匿跡，這樣，政治清明有望，國富民強有望，百姓安居樂業有望，大同世界便也指日可待。

從張潮這則文字所主張的天生仁人君子治世來看，他對古代中國社會有著極清醒的認識，可謂揭出了千百年古代社會腐敗的病根，即：亂起於上，亂自上作。但他為療治痼疾所開的藥方——上天生仁人君子主政——則不免迂腐幼稚。古代社會腐敗的根源固然在於君昏臣佞，而所以如此，還在於腐朽的政治體制，這是滋生腐敗的溫床。要鏟除社會腐敗，天下大治，便必須推翻專制制度，這當然是張潮不敢想，也想不到的。

二〇〇

擲陞官圖❶，所重在德，所忌在贓。何一登仕版❷，輒與之相反耶？

【注釋】❶擲陞官圖　古代一種遊戲。即在圖上繪各種官位，以擲骰子的點數來定官位高下，高者為贏。❷仕

版　古代官吏的名冊。

【語　譯】玩擲陞官圖這一遊戲，重品德操守，忌貪贓枉法。為什麼真的進入了仕途，便與作遊戲時相反呢？

【賞　析】擲陞官圖這一遊戲中所遵守的規則，體現的是公眾道德，是為廣大民眾接受的道德規範，一句話，是以優秀的傳統道德信條作為準則的，這樣，它反對貪贓，尊崇清官，便是很自然的事。

而對仕途中人，在其周圍，到處是貪污受賄、舞文弄法、結黨營私、草菅人命，這似乎也成了官場不成文的另一種規則。在這種污濁的環境中，能做到出污泥不染，可說是絕無僅有，極為罕見。近朱者赤，近墨者黑，在這一大泥淖中，變污變黑，喪失天良者比比皆是，不可勝數。舊小說評中所謂「達官道，亦畜牲道也」，可謂中的之言。畜牲道自不會有公理，不會有天良，不會有道德，這正是「一登仕版，輒與之相反」的原因所在。

二〇一

動物中有三教焉：蛟龍麟鳳之屬，近於儒者也；猿狐鶴鹿之屬，近於仙者也；獅子牯牛[1]之屬，近於釋者也。植物中有三教焉：竹梧蘭蕙之屬，近於儒者也；蟠桃老桂之屬，近於仙者也；蓮花薝蔔❷之屬，近於釋者也。

【注　釋】❶牯牛　母牛。或指閹過的公牛。❷薝蔔　梵語花名，又稱薝卜。或譯作旃簸迦、瞻蔔迦。意譯為鬱金花。《續一切經音義》四《大乘本生心地觀經》一《瞻蔔迦》有釋。

【語　譯】動物中也有三教：蛟龍、麒麟、鳳凰近於儒教；猿、狐、鶴、鹿近於道教；獅子、牯牛近於佛教。植物中也有三教：竹子、梧桐、蘭花、蕙草近於儒教；蟠桃、老桂近於道教；蓮花、薝蔔近於佛教。

【賞　析】動物中有三教，植物中也有三教，可謂奇思妙想，善於聯類。由於人們在動物、植物中賦予了特定的文化蘊涵，將其人格化、性格化，所以將人類的三教移於其中，在它們中歸出類別，又不無根據。下面看一下作者如何具體的歸屬。

蛟龍麟鳳之類，人多以牠象徵祥瑞，由牠想到溫文爾雅，想到聖賢才德，故比之儒者；猿狐鶴鹿，寄跡山岩茂林，關於牠多有著神仙靈異高齡長壽的傳說，故比之為仙者；獅子牯牛，或為獸中之王，或出於西域，或為母牛，或為閹割之公牛，斷欲絕情，無貪淫之識，故比之釋者。

再如植物。竹梧蘭蕙之類，清潔貞素，高雅不俗，類於儒者；蟠桃老桂，壽考古老，仙風道骨，類於仙者；蓮花薝蔔，以其特有的色澤芬芳，與佛教有著不解之緣，或與佛理相通，如蓮花，已成為佛教的象徵，故稱為釋者。

張潮的這些比類，都有著民俗的宗教的或文化的基礎，並非憑空杜撰，亦非想入非非。

二〇二

佛氏云：「日月在須彌山❶腰。」果爾，則日月必是遶山橫行而後可。苟有升有降，必為山巔所礙矣。又云：「地上有阿耨達池❷，其水四出，流入諸印度。」又云：「地輪之下為水輪，水輪之下為風輪，風輪之下為空輪。」余謂此皆喻言人身也。須彌山喻人首，日月喻兩目，池水四出喻血脈流通，地輪喻此身，水為便溺，風為洩氣，此下則無物矣。

【注釋】❶須彌山　梵文音譯。印度神話中的山名。佛教稱之為世界中心。據說其山高八萬四千由旬，山頂為帝釋天，四面山腰為四天王天，周圍有七香海、七金山。第七金山外有鐵圍山所圍繞的鹽水海，鹽水海四周有四大部洲。❷阿耨達池　梵語音譯。湖名。《大唐西域記》玄奘〈序〉稱：「其贍部洲之中地者，阿那婆多池也。在香山之南，大雪山之北，周八百里矣。金、銀、琉璃、頗胝，飾其岸焉。金沙彌漫，清波皎鏡。」又說池水為殑伽、信度、縛芻、徒多四河之源。

【語譯】佛教經典中說：「太陽、月亮在須彌山的山腰。」果然是這樣，那麼太陽、月亮必定是繞著須彌山作橫向運行才可以，假如有升有降，則必然被山頂阻擋。又說：「大地上有阿耨達池，它的水向四面八方流去，流進印度各地。」又說：「地輪下面是水輪，水輪下面是風輪，風輪下面是空輪。」我認為這些都是用比喻來講人體構造的：須彌山比喻人頭，日月比喻人的兩目，池水四出比喻人的血脈流通，地輪比喻人體，水是大小便，風是洩氣，這以下就沒有東西了。

【賞析】佛教經典中說世界的中心是須彌山，大地、山河、星球都圍繞它排列。又說宇宙不止一個三千大千世界，由無數的三千大千世界構成。而每一個世界的上空，都有一個太陽、一個月亮及眾多行星圍繞須彌山周圍，各循其軌道運轉。這當然只是一種想像。張潮對「日月在須彌山腰」提出質疑，足見其善疑多思的超人處。而他的以人體構造來解說佛經，也既富有創想，又不無憑據。佛教的宇宙要素論認為，人是類似大宇宙的小宇宙，人的分立要素也即宇宙的分立要素。如此，以人體的構造來解經，來解說宇宙的構成，便也有了它的基礎。稱日月為兩目、水為便溺、風為洩氣，生動形象，妙語頤人。

二〇三

蘇東坡和陶詩，尚遺數十首，予嘗欲集坡句以補之，苦於韻之弗備而止。如〈責子〉詩中「不識六與七，但覓梨與栗」，「七」字、「栗」

字，皆無其韻也。

【語　譯】蘇東坡和陶淵明的詩，還剩下幾十首沒做。我曾經想集東坡詩中成句補和，苦於詩韻的不全備而作罷。比如〈責子〉詩中「不識六與七，但覓梨與栗」，「七」字、「栗」字，便沒有這種韻。

【賞　析】陶淵明是古代傑出的田園詩人，其詩閒適沖淡、恬靜樸質，這對仕途遭挫、處境不順的大詩人蘇東坡，顯得分外具有魅力，於是，從他揚州作〈和陶飲酒二十首〉開始，迄天符三年（一一〇〇年）五月在儋耳聞赦作〈和陶始經曲阿〉，先後和陶詩一百二十四首，創造了詩歌史上的奇觀，令歷代讀者矚目。

蘇東坡的和詩，貴在以和詩的形式，抒寫切身的感受，雖是次韻賡和，卻不為無病呻吟，是有感而發的，所以他取得了成功。相較之下，張潮的「集坡句以補」和，只在形式上做文章，則不免流於文字遊戲，並不值得提倡。其「苦於韻之弗備而止」，未能實現補和的願望，避免了狗尾續貂之嫌，這不能不說是一種幸運。

二〇四

予嘗偶得句，亦殊可喜，惜無佳對，遂未成詩。其一為「枯葉帶蟲飛」，其一為「鄉月大於城」。姑存之，以俟異日。

【語譯】我曾經偶然間想到一些詩句，很感高興，可惜沒有好的對句，終於沒能完成。其中一句是「枯葉帶蟲飛」，另一句是「鄉月大於城」。暫且留存在這裡，等待來日補對。

【賞析】創作靈感往往突發於偶然間，無端而來，又無端而去，讓人不可把捉，難以預料。這則文字中張潮所說的「偶得句」，便指的是其靈感偶發間所得的詩句；而所謂的「惜無佳對」，則指因靈感消逝，未能得其對句。看來，靈感對於創作，影響實在不小，而醞釀靈感、捕捉靈感，對於詩人，也顯得極為重要。

下邊看一下張潮得之靈感的詩句。「枯葉帶蟲飛」，是說蟲子寄身在樹葉上，隨著樹葉的枯黃萎落，小蟲也相伴在風中飛舞。「鄉月大於城」，是說鄉間因空曠、廣遠、空氣純淨、透明度高，月亮也較城中顯得又大又圓。兩句詩平淡自然，質樸無華，但都意象鮮明，富有意味，既耐咀嚼，又頗給人以聯想。而這平實無華、不事雕琢的語句，不難想像，是作者在大自然中捕捉到的原汁原味的意象。大自然中能夠入詩的意象極多，只要善於體察，善於留心，自會有許多收穫。

二〇五

「空山無人，水流花開」二句，極琴心之妙境。「勝固欣然，敗亦可喜」二句，極手談之妙境。「帆隨湘轉，望衡九面」二句，極泛舟之妙境。「胡然而天，胡然而帝」二句，極美人之妙境。

【語譯】「空山無人，水流花開」二句，淋漓盡致的表現了琴弦彈奏出的美妙意境。「勝固欣然，敗亦可喜」二句，寫盡了下棋所達到的一種境界。「帆隨湘轉，望衡九面」二句，完美地表現了蕩舟的奇趣。「胡然而天，胡然而帝」二句，寫絕了美人的神態韻致。

【賞析】琴弦錚錚，似流水，似花開花落，似在深山中感受落葉，似在曠野中聽雪落之聲，這時候，人的心中平靜恬淡安詳，那是分外令人陶醉，讓人羨慕的境界，以「空山無人，水流花開」形容之，可謂恰切。

對弈要求分出勝負，而一旦達到一種境界，則會感到只有下棋的樂趣，只覺得設劫布陣是唯一要全身心去做的，既自己苦心經營，又為對方的巧妙布局稱嘆，輸贏倒在其次，甚至不希望立即結束，即使是自己取勝。只要進入了這一境界，「勝固欣然，敗亦可喜」，趣在首要，勝敗反在意外。

一葉小舟飄蕩在湘水中，隨江水輾轉曲折，往返回還，可以望到衡山的多個側面。有時像已過去，突然間卻再次望見衡山，恍惚中感到又渡回來。這種妙境、妙趣，令人嘆為觀止，驚嘆大自然造化的奇妙，鬼斧神工。

「胡然而天，胡然而帝」，語出《詩經‧君子偕老》：「胡然而天也？胡然而帝也？」是說宣姜為什麼像上天那樣崇高，像上帝那樣尊貴？謂其不淑，不應該如此。這裡是斷章取義，僅取其極寫美女尊貴崇高的義項。以天比其高，以上帝喻其貴，可謂揚到了極點，也可說寫盡了美人的高貴。

二〇六

鏡與水之影，所受者也；日與燈之影，所施者也。月之有影，則在天者為受，而在地者為施也。

【語　譯】鏡子與水中的影像，是從外照進的；太陽與燈的光華，是由它們施放出來的。月亮的有光華，則在天上是接受外來的施予，在地上是出於它的施放。

【賞　析】人照鏡子，影現鏡中，此影為人的形象的投入；物映水，水中有影，此影為物象的投映：這便是張潮所說的「受」。太陽帶來光明，燈火放出光亮，此光為太陽、燈光的釋放：這則是張潮所說的「施」。月亮在空中放光，由太陽照射而生，這是所謂的在天者為「受」；而月光照亮大地，給大地送來光明，這是所謂的在地者為「施」。可見，有施才有受；反過來，有受也必然有施。事物總是相反相成，對立統一的，正因此，才會有萬物生成及事物的發展，生生不息，綿延不絕。鄭破水評中所說的「受施二字，深得陰陽之理」，也是說的這個意思。

二〇七

水之為聲有四，有瀑布聲，有流泉聲，有灘聲，有溝澮聲。風之為聲有三，有松濤聲，有秋葉聲，有波浪聲。雨之為聲有二，有梧葉、荷葉上聲，有承簷溜竹筒中聲。

【語　譯】水聲有四種：瀑布聲，泉水聲，浪擊崖岸的波濤聲，田間溝渠的水流聲。風聲有三種：風過松林的松濤聲，秋風勁吹下的落葉聲，風捲浪起的浪花聲。雨聲有二種：雨打梧桐、荷葉的淅瀝聲，雨滴屋檐的吧嗒聲。

【賞　析】水、風、雨作為物質，都只是一種，而由於它們所遭遇或與之相接觸的物質有別，也便產生出幾種不同的聲音效果，如水聲有四種，風聲有三種，雨聲有二種。這正如人，先天生就並沒有區別，由於後天接受教育的不同，便出現大奸大惡、大聖大賢的巨大差異。從這裡我們得到一個啟示，人從母胎分娩、呱呱墜地，就面臨著何去何從的選擇。但這一選擇，起初並不能由個人自主，主要靠家長的鑄造，社會的影響。而家長對子女的將來，對將其塑造成何種人品、何等人物，更有著十分重要的作用。能否將子女培養成德才兼備、對社會有益的人材，關鍵看在其可塑之期，是否能夠對他們進行正確健康的引導教育影響，是否能夠為他們創造一個良好的環境，這是天下做父母的不應該疏忽的問題。

二〇八

文人每好鄙薄富人，然於詩文之佳者，又往往以金玉珠璣錦繡譽之，則又何也？

【語　譯】文人往往輕賤富人，但對那些美妙的作品，又經常用金玉、珠璣、錦繡這些詞藻來讚美它們，這究竟是什麼道理呢？

【賞　析】文人鄙薄富人，鄙薄其為富不仁、腸肥腦滿、勢利膚淺、只認金錢；鄙薄其四肢發達、不讀聖經賢傳、不通聖賢大道、只知花天酒地、缺乏精神支柱；鄙薄其財富來得骯髒，卻非鄙薄金玉珠璣本身。金玉珠璣自身，鮮亮精美，巧奪天工，則不僅本身富有價值，又作為美的象徵，為人喜愛、讚譽，所謂以精金美玉、錦繡珠寶喻詩文之美，正是取的這個意思。

二〇九

能閒世人之所忙者，方能忙世人之所閒。

【語　譯】能夠在眾人都忙的事情上不趕熱鬧，才能在眾人沒有顧及的方面有所成就。

【賞　析】欲有所不為才能有所為。任何人的精力都有限，如果欲望太雜，追求太多，處處想與人攀比，事事想與人爭競，三天打魚，兩天曬網，做事三分鐘熱度，最終只能是一事無成，一無所獲。

成功並非沒有捷徑，這裡所說的「忙世人之所閒」，便是最好的成功法門。所謂經商之道，人棄我取，說的是經商做生意，切忌一窩蜂、湊熱鬧，而要撿他人不做的做、不要的要，這樣才能奇貨可居，才能在他人因過熱而過剩時，我因緊缺而走俏，從而一本萬利，成為巨富。

治學亦如是。顯學固然熱鬧，卻早已蹢蹢蹌蹌，佛反盈天，該做的已做過多遍，剩飯再炒，終不會翻出太多的名堂；而僻冷課題，雖有些冷清，經過研究，卻容易有所創獲，並以此名家。

這些道理並不艱深，也不複雜，卻包涵了深刻的哲理。對指導我們正確地選擇人生，有著極現實的意義。

二一〇

先讀經，後讀史，則論事不謬於聖賢；既讀史，復讀經，則觀書不徒為章句。

【語譯】先讀經書，再讀史書，在議論事情時便不會背離聖賢；已經閱讀了史書，再去閱讀經書，在讀書時，便不會只局限於字面上的訓解。

【賞析】經書講義理，說道德，論仁義，談善惡，讓人明辨是非邪正，教人為人處世立身交遊的道理。讀了經書，明白了這些，思想上有了理論武裝，再去讀史，便不會對紛紜的歷史事件困惑，不會為貝錦之言迷惑，不會被大奸似忠的假象蒙蔽，而論事品人，也將以聖經賢傳為依據，以聖賢的思想去衡鑑，這樣，無論對人對事的分析還是認識，都不會離經叛道、有悖經書。這是所謂的「先讀經，後讀史，則論事不謬於聖賢」。

先讀史，再讀經，也有益處。傳的解經，多局限於注音釋句，就字解字。僅讀經傳，不免束縛了思想，限制了視野。而先讀史書，翻檢歷朝史籍，通觀歷代的興衰治亂，知道了形形色色的人事，豐富了自己的經驗見聞，增長了見識，在這種基礎上再去閱讀經書，以所接觸的眾多事例去體悟聖賢的道理，則必不限於字句，而可以更深刻更全面更具體地領悟出聖賢大道的真諦，折服其高妙精絕。這是所謂的「既讀史，復讀經，則觀書不徒為章句」。

讀書為學的道理，在張潮這幾句話中，得到了精闢闡發，語句的簡約，論說的精要，讓人嘆服稱絕。

二一一

居城市中，當以畫幅當山水，以盆景當苑囿，以書籍當朋友。

【語譯】居住在城市，應該把描繪自然風景的圖畫當作山水名勝，把花卉盆景當作苑囿，把書籍當作知心的朋友。

【賞析】生活在名山勝水風光佳麗的環境，徜徉在繁花似錦造形精妙的苑囿，得以與二三知己或漫步或促膝論文交心，這當然是十分愜意令人神往的事情。但如果生活在喧囂雜鬧、車水馬龍的都市，遠離苑囿，近處又無山水勝景，則不妨對畫幅欣賞，對盆景觀玩。如果再多點想像力，在你的面前，名山勝水苑囿美景也許會真的如海市蜃樓突然間湧現。「心遠地自偏」，這當然需要感悟，需要聯想，需要心理上的調適。

「以書籍當朋友」，也存在類似情形。交友，尤其交直諒多聞之友，自多樂趣，也每能受益。但交友需要時間，需要應酬。如果能假想書籍為朋友，與著書者進行心靈對話，從書中汲取知識，領悟社會人生的道理，學會為人處世的原則，觀覽到美妙的文章，聆聽到評詩論文的高見，則既能有交友之所得，又沒有交友之所失。這的確是經濟可行的辦法。

說到底，對於心境恬淨、明淨淡泊、能甘寂寞的人，到處是山水，是苑囿，到處有朋友。只要能不執著於表相，不膠著於形式，自然會擁有一片藍天，也才會真正體悟到人生的妙境。

二一二

鄉居須得良朋始佳，若田夫樵子，僅能辨五穀而測晴雨，久且數❶未免生厭矣。而友之中，又當以能詩為第一，能談次之，能畫次之，能歌又次之，解觴政❷者又次之。

【注　釋】❶數　屢次；多次。❷解觴政　懂得酒令。觴，盛酒的杯。觴政，指宴會中執行酒令。

【語　譯】居住鄉間必須有投合的朋友在一起才妙。像種田打柴的，只能辨認五穀，判斷天氣陰晴，時間久了往來多了，便不免產生厭倦。但朋友又以擅長作詩列第一，擅長清談列第二，擅長繪畫列第三，擅長歌唱列第四，能行酒令列第五。

【賞　析】物以類聚，人以群分。一般說來，人只有在思想文化素養接近，具有了相互溝通相互交流的基礎，才能有道不盡講不完的話題，才能相聚為群，形成一個階層。如果差距懸殊，缺少共同感興趣的東西，便既難於交融，久則不免睽隔生疏。這則文字中所說的正是這樣一個問題。

農夫關心的是氣候冷暖天氣陰晴及莊稼的豐歉；樵夫關心的是打柴的多少；而作為文人，卻對吟詩作文、歌詩唱和、繪畫飲酒更感興趣。由於興奮點的不同，他們中間自然不易於交融。而文人鄉居，所得到的也就只能是田園風光與自然清新的空氣，不可避免便會有寂寞孤獨。落寞寂寥讓人難堪，如何解決這一問題？張潮提出了「得良朋」共居的辦法：或能詩者，或能談者，或能畫者，或能歌者，或解觴政者，得其一共處，庶幾可免孤獨寥落。

二一三

玉蘭，花中之伯夷也（高而且潔）；葵，花中之伊尹❶也（傾心向日）；蓮，花中之柳下惠❷也（污泥不染）。鶴，鳥中之伯夷也（仙品）；雞，鳥中之伊尹也（司晨）；鶯，鳥中之柳下惠也（求友）。

【注釋】❶伊尹　名伊，尹為官名。一說名摯。商朝大臣。傳說是奴隸出身，商湯任以國政，助湯滅夏桀。

❷柳下惠　即春秋時魯國大夫展禽。展氏，名獲，字禽。因食邑在柳下，謚惠，故稱柳下惠。

【語譯】玉蘭，是花中的伯夷（清高而貞潔）；葵花，是花中的伊尹（傾心向太陽）；蓮花，是花中的柳下惠（出污泥而不染）。鶴，是禽鳥中的伯夷（神仙一類）；雞，是禽鳥中的伊尹（報曉司晨）；鶯，是禽鳥中的柳下惠（求友）。

【賞析】伯夷因與乃弟相互避讓君位而投周，因周滅商而逃入首陽山，寧肯餓死，不食周粟，清高貞潔，為古人稱道。如孔子將他與泰伯並稱為古之仁聖賢人；孟子將他與伊尹、孔子並稱為「古聖人」；司馬遷則說他是「積仁潔行」的「清士」。伊尹為商湯之相，助湯滅商，又歷佐卜丙、中壬，扶立太甲，雖經放逐，不改忠貞，因此為千古傳頌。柳下惠剛直不曲，在魯國為士師，三次被黜，人問他何以不離開魯國，他說：「直道而事人，焉往而不三黜？枉道而事人，何必去父母之國？」既表達了他不改初衷、寧為玉碎不為瓦全的品格，也表現了他不遇知音、難為世容的憂憤。

既對此三人的品德行事有了了解，便不難看出張潮這則文字中所用比喻的道理。所謂玉蘭為花中伯夷，是指其高尚貞潔；葵花為花中伊尹，是指其傾心向太陽；蓮花是花中柳下惠，是指其不為環境污染，保有貞素。而所謂鶴是鳥中伯夷，指鶴的高傲不俗、神仙體態；雞為禽中伊尹，指其報曉盡職，兢兢業業；鶯為鳥中柳下惠，指鶯鳴求友，如柳之渴望知音。兩相對照，比喻義也就極易理解了。

二一四

無其罪而虛受惡名者，蠹魚也（蛀書之蟲，另是一種，其形如蠶蛹而差小）；有其罪而恆逃清議者，鼅鼄❶也。

【注釋】❶鼅鼄 即蜘蛛。

【語譯】沒罪卻平白無故背上惡名的，像蠹魚（蛀書的蟲子，是另外一種，牠的形狀像蠶蛹略小些）；有罪卻往往逃脫輿論非議的，如蜘蛛。

【賞析】「無其罪而虛受惡名」，「有其罪而恆逃清議」，蟲類如此，人類社會亦然。在歷史上，此等事甚多，並不鮮見。如忠臣夙興夜寐，克盡職守，操勞國事，仁德愛民，卻遭奸小讒言誹謗，以莫須有罪名加之，竟然昏君信實，革職查辦，流放斬首，此所謂有功獲咎，無罪而背惡名。而如奸小，蠱惑君主，殘害忠良，壞事做盡，罪在不赦，卻以巧語花言、奉迎諂媚為帝王寵愛，得權傾朝野，名滿一時，飛黃騰達，此所謂有罪而逃脫罪名者。而在現實中，有些人平生未做虧心事，以其直言，或不善言辯，為人誣陷，遭人指責，這也是無罪而受惡名。另一些人，老謀深算，老奸巨猾，或主謀行惡，或暗箭傷人，表面上一臉慈善，貌似仁義厚道、古道熱腸，甚至贏得一時頗佳的口碑，此也所謂有其罪而能逃脫罪責者。雖然如此，天理昭彰，再狡猾的狐狸總會露出尾巴，行惡者也終將被人識破，受到應有的懲罰；無罪受冤者最後也必將被洗刷罪名，還其清白。

正如張潮的論蠹魚、蜘蛛，是其所是，非其所非。歷史終將是公道的。

二一五

臭腐化為神奇，醬也，腐乳也，金汁❶也；至神奇化為臭腐，則是物皆然。

【注釋】❶金汁　在棕皮棉紙上鋪黃土，將糞汁澆上，濾取清汁，封甕土埋，逾年取出可供藥用，謂之金汁。

【語譯】由腐敗化為神奇的東西，有醬、腐乳、金汁；由神奇化為腐朽，便所有的東西都是這樣。

【賞析】能由腐朽化為神奇的，僅二三物；而由神奇變為腐朽者，則凡物皆然。變壞為好不易，變好為壞卻十分簡單，在人同樣如此。比如人一旦染上惡習，或跌入爛污，要改過自新，重新做人，並非易事，俗語說「浪子回頭金不換」，以精金喻浪子的回頭，正道出了它的難得。而人的由好變壞極為容易，一念之差便會造成終身遺恨，一足不穩便可能跌入泥淖受到污染。所以人們又以上下坡來比喻人的變化。下坡容易上坡難，正是說的這個道理。人的上進發展，即像攀爬高坡，每行一步，都要付出汗水與體力；而人的墮落，則如下坡，稍不留神，便會由頂端跌入底谷。因此，古人格外強調「慎獨」，所謂「君子慎其獨」，「戒慎乎其所不睹，恐懼乎其所不聞」；強調「自省」，所謂「吾日三省吾身」，也就是說，人都要經常反省自己，即使在一人獨處時，也當謹慎的注意自己的思想行為，不可有違道德規範，只有這樣，才能永保自己不犯大錯，不走向墮落。

二一六

黑與白交，黑能污白，白不能掩黑；香與臭混，臭能勝香，香不能敵臭。此君子小人相攻之大勢也。

【語　譯】黑色與白色交混，黑色能沾污白色，白色卻不能遮蓋黑色；香味與臭氣混雜，臭氣能掩蓋香味，香味卻不能蓋住臭氣。這也是君子與小人較量的大概態勢。

【賞　析】君子不敵小人，在於小人有鬼蜮伎倆，卑鄙齷齪，不擇手段；而君子則光明磊落、方方正正，胸懷坦蕩。小人常算計人，故精於害人之道；君子無害人之心，有成人之美，故不善於與人爭較。所以，君子與小人相攻，君子自不能勝小人。但這只是就具體、就個人言。

從整體，用發展的眼光看，則君子行道義，得道多助；小人行不義，失道寡助。小人只能得逞一時，不能得逞一世，最終勝利的是道義，是正義，是真善美，而不是邪惡、不義與假惡醜。這是事物發展的必然，是為實踐所證明了的規律。正如木山評曰：「人必喜白而惡黑，黜臭而取香。此又君子必勝小人之理也。理在，又烏論乎勢？」因為人們的喜白惡黑、取香黜臭、尚君子而賤小人，這就決定小人必敗，君子必勝。

二一七

恥之一字，所以治君子；痛之一字，所以治小人。

【語譯】恥，可用來約束君子；痛，則用來制服小人。

【賞析】知恥，即具有羞恥之心，在中國古代，被視為士君子必備的道德素質。有羞恥心，知道真善美的可尚，與假醜惡的可恥，才能不降志、不辱身、不從枉，不喪失人格，不步入歧途，不走上邪路；才會感到巧言、令色、足恭的不足稱道，並潔身勵行，思學正人。「痛，莫過於不聞過；辱，莫大於不知恥」（王通《文中子・關朗》），對君子來說，重恥，貫穿一生。羞辱他，便是對他最嚴重的刑罰。所以，「恥」之一字，足以約束君子。

小人則不同。他們無羞恥之心，往往以臭為美，以惡為善，奴顏婢膝，認賊作父，傷天害理，喪盡天良，與禽獸無別。在他們，辱不足以動之，唯皮肉之苦才能發生作用，所以，要懲治小人，要使其知道約束，只能用嚴刑酷法。

但正如《論語》中所說：「道之以政，齊之以刑，民免而無恥；道之以德，齊之以禮，有恥且格。」僅靠刑法，能使人暫時免於犯罪，卻不能讓人有廉恥之心；只有讓人明道理，知禮義，有廉恥之心，「人有恥，則能有所不為」（朱熹語），才能從而在根本上解決犯罪，解決墮落。

二一八

鏡不能自照，衡❶不能自權❷，劍不能自擊。

【注釋】❶衡 稱量物體重量的器具。❷權 秤錘。這裡指稱量。

【語譯】鏡子不能夠照見自己，秤不能夠稱量自己，劍不能夠擊中自己。

【賞析】鏡子可以照見他物的美醜，可以使物的缺點局限無法藏匿，但它卻不能照見自己，不能知道自己的大小長短、優長欠缺。秤可以稱出物的重輕，使物有所分別，不致輕重混淆，但它同樣無法稱量自己，無法知道自己的分量。利劍所向披靡，能讓勇士大顯神威，使敵人心寒膽顫，但它也永遠不能自擊，不能親身感受自己的鋒利。

在人也是如此。如人雖可以自省，可以「日三省吾身」，但自身許多缺點，則有待別人指出，方才驚醒。又如人的聲名，無論如何自吹自擂、自我標榜，都不能作數，而必須由他人評判，由輿論來確定。正因為如此，古人對「人告之以過則喜」的子路推崇備至，說：「仲由喜聞過，令名無窮焉。」同時也大力張揚「勞而不伐，有功而不德」，提倡這種有功而不自誇的品德，許其為忠厚的典型。從這裡，我們應該明白做人的某些道理。

二一九

古人云：「詩必窮而後工。」蓋窮則語多感慨，易於見長耳。若富貴中人，既不可憂貧歎賤，所談者不過風雲月露而已，詩安得佳？苟思所變，計惟有出遊一法。即以所見之山川風土物產人情，或當瘡痍兵燹之餘，或值旱澇災祲之後，無一不可寓之詩中，借他人之窮愁，以供我之詠歎，則詩亦不必待窮而後工也。

【語譯】古人說：「詩人必須經歷窮愁淹蹇，才能寫出上乘的詩作。」因為困苦便話語中有許多感慨，容易寫得好。至於養尊處優的人，既不能有貧賤窮愁的憂嘆，所談也無非風雲月露而已，詩又怎能做得好呢？倘若想有所改變，算來只有外出遊歷這一途徑。便是將遊歷中見到的風土物產、人情世態，或亂兵之後的滿目瘡痍，或旱澇災荒，寫進詩中，借別人的貧困愁苦，為我提供歌詠吟唱的材料，這樣，作詩便不一定要詩人親自經歷窮愁困苦，才能寫出好詩。

【賞析】「窮而後工」是宋代大文學家歐陽脩提出的非常著名的論詩見解。在他的〈梅堯臣詩集序〉、〈薛簡肅公文集序〉及《六一詩話》中，都有具體的闡發，可以參看。

主張詩「窮而後工」，認為詩人必須有豐富的生活感受，有真切的人生體驗，不平則鳴，才能作出好詩，這符合文學創作反映生活抒情言志的客觀規律，可以說是不刊之論。

但生活經驗也有兩種，一種是由自己切身經歷感受得來的；另一種是由書本或眼見耳聞而來的。二者都能成為創作的素材。所謂的「窮而後工」中說的詩人之窮，主要指的是前者；而所謂的「出遊一法」，見「山川風土物產人情」、「瘡痍兵燹」、「旱澇災祲」，則屬於後者——自身未受兵燹災祲之苦，卻目睹了四處瘡痍，眼見了百姓飢寒交迫。這後者雖然間接，但對於富有人道主義思想、正義敢言的詩人，感同身受，心理上的痛苦一點也不下於自己親身經歷。在他，同樣是不吐不快，無法抑制不平的情緒。如此，他的創作，便是人民的心聲，也是不平之鳴。如果詩人對民生漠不關心，對百姓的痛苦麻木不仁，則雖然出遊，雖然見到了許多可書可寫的素材，也會熟視無睹，即使勉強去寫，仍然不會有任何真情實感。對這種人，張潮的出遊一法，自然不起作用。

附錄

幽夢影序

余窮經讀史之餘，好覽稗官小說。自唐以來，不下數百種。不但可以備考遺忘，亦可以增長意識。如遊名山大川者，必探斷崖絕壑；玩喬松古柏者，必采秀草幽花。使耳目一新，襟情怡宕。此非頭巾襶襶章句腐儒之所知也。故余於詠詩撰文之暇，筆錄古軼事、今新聞。自少至老，襍著數十種，如《說史》、《說詩》、《黨鑑》、《盈鑑》、《東山談苑》、《汗青餘語》、《硯林》、《不妄語述》、《茶史補》、《四蓮花齋襍錄》、《曼翁漫錄》、《禪林漫錄》、《讀史浮白集》、《古今書字辨訛》、《秋雪叢談》、《金陵野抄》之類。雖未雕板問世，而友人借抄，幾遍東南諸郡，直可傲子雲而睨君山矣。天都張仲子心齋，家積縹緗，胸羅星宿，筆花繚繞，墨瀋淋漓。其所著述，與余旗鼓相當，爭奇鬥富，如孫伯符與太史子義相遇於神亭，又如石崇、王愷擊碎珊瑚時也。其《幽夢影》一書，尤多格言妙論，言人之所不能言，道人之所未經道。展味低徊，似餐帝漿沆瀣，聽鈞天廣樂，不知此身之在下方塵世矣。至如「律己宜帶秋氣，處世宜帶春氣」、「婢可以當奴，奴不可以當婢」、「無損於世謂之善人，有害於世謂之惡人」、「尋樂境乃學仙，避苦境乃學佛」，超超元箸，絕勝支、許清談。人當鏤心銘腑，豈止佩韋書紳而已哉。鬘持老人余懷廣霞製

心齋著書滿家，皆含經咀史，自出機杼，卓然可傳。是編是其一臠片羽，然三才之理，萬物之情，古今人事之變，皆在是矣。顧題之以「夢」且「影」云者，吾聞海外有國焉，夜長而晝短，以晝之所為為幻，以夢之所遇為真；又聞人有惡其影而欲逃之者。然則「夢」也者，乃其所以為覺；「影」也者，乃其所以為形也耶？廋辭隱語，言無罪而聞足戒，是則心齋所為盡心焉者也。讀是編也，其亦可以聞破夢之鐘而就陰以息影也夫！江東同學弟孫致彌題

張心齋先生家自黃山，才奔陸海，柟榴賦就；錦月投懷，芍藥詞成，繁花作餌。蘇子瞻十三樓外，景物猶然；杜牧之廿四橋頭，流風仍在。靜能見性，洵哉人我不間而喜嗔不形；弱僅勝衣，或者清虛日來而滓穢日去。憐才惜玉，心是靈犀；繡腹錦胸，身同丹鳳。花間選句，盡來珠玉之音；月下題詞，已滿珊瑚之笥。豈如蘭臺作賦，僅別東西；漆園著書，徒分內外而已哉！然而繁文艷語，止才子餘能；而卓識奇思，誠詞人本色。若夫舒性情而為著述，緣閱歷以作篇章，清如梵室之鐘，令人猛省，響若尼山之鐸，別有深思，則《幽夢影》一書，余誠不能已於手舞足蹈、

心曠神怡也。其云「益人謂善、害物謂惡」，咸彷彿乎外王內聖之言。又謂「律己宜秋、處世宜春」，亦陶鎔乎誠意正心之旨。他如片花寸草均有會心；遙水近山不遺玄想；息機物外，古人之糟粕不論；信手拈時，造化之精微入悟；湖山乘興，盡可投囊；風月維譚，兼供揮麈；金繩覺路，弘開入夢之毫；寶筏迷津，直渡廣長之舌。以風流為道學，寓教化於詼諧。為色為空，知猶有這個在；如夢如影，且應作如是觀。湖上晦村學人石龐序

原 跋

昔人云：梅花之影，妙於梅花。竊意影子何能妙於花？惟花妙則影亦妙，枝幹扶疏，自爾天然生動。凡一切文字語言，總是才人影子，人妙則影自妙。此冊一行一句，非名言即韻語，皆從胸次體驗而出，故能發人警省。片玉碎金，俱可寶貴。幽人夢境，讀者勿作影響觀可矣。南村張惣識

抱異疾者多奇夢，夢所未到之境，夢所未見之事，以心為君主之官，邪干之故如此。此則病也，非夢也。至若夢木撐天，夢河無水，則休咎應之；夢牛尾，夢蕉鹿，則得失應之。此則夢也，非病也。心齋之《幽夢影》，非病也，非夢也，影也。影者惟何？石火之一敲，電光之一瞥也。東

坡所謂「一掉頭時生老病，一彈指頃去來今」也。昔人云「芥子具須彌」，心齋則於倏忽備古今也。此因其心閒手閒，故弄墨如此之閒適也。心齋豈長於勘夢者也？然而未可向癡人說也。寓東淘江之蘭跋

幽夢影跋

昔人著書，間附評語，若以評語參錯書中，則《幽夢影》創格也。清言雋旨，前吁後喁，令讀者如入真長座中，與諸客周旋，聆其謦欬，不禁色舞眉飛，洵翰墨中奇觀也。書名曰「夢」曰「影」，蓋取六如之義。饒廣長舌，散天女花，心燈意蕊，一印印空，可以悟矣。乙未夏日震澤楊復吉識

古籍今注新譯叢書

【哲學類】

新譯四書讀本　謝冰瑩、邱燮友等編譯
新譯學庸讀本　王澤應注譯
新譯論語新編解義　胡楚生編著
新譯孝經讀本　賴炎元、黃俊郎注譯
新譯易經讀本　郭建勳注譯　黃俊郎校閱
新譯周易六十四卦經傳通釋：上經　黃慶萱注譯
新譯周易六十四卦經傳通釋：下經　黃慶萱注譯
新譯乾坤經傳通釋　黃慶萱注譯
新譯易經繫辭傳解義　吳　怡著
新譯禮記讀本　姜義華注譯　黃俊郎校閱
新譯儀禮讀本　顧寶田、鄭淑媛注譯　黃俊郎校閱
新譯孔子家語　羊春秋注譯　周鳳五校閱
新譯老子讀本　余培林注譯
新譯帛書老子　趙　鋒注譯
新譯老子解義　吳　怡著
新譯莊子讀本　黃錦鋐注譯
新譯莊子讀本　張松輝注譯
新譯莊子本義　水渭松注譯

新譯莊子內篇解義　吳　怡著
新譯列子讀本　莊萬壽注譯
新譯管子讀本　湯孝純注譯　李振興校閱
新譯墨子讀本　李生龍注譯　李振興校閱
新譯公孫龍子　丁成泉注譯　黃志民校閱
新譯晏子春秋　陶梅生注譯　葉國良校閱
新譯鄧析子　徐忠良注譯　劉福增校閱
新譯荀子讀本　王忠林注譯
新譯尹文子　徐忠良注譯　黃俊郎校閱
新譯尸子讀本　水渭松注譯　陳滿銘校閱
新譯鶡冠子　趙鵬團注譯
新譯鬼谷子　王德華等注譯
新譯韓非子　賴炎元、傅武光注譯
新譯呂氏春秋　朱永嘉、蕭　木注譯　黃志民校閱
新譯韓詩外傳　孫立堯注譯
新譯淮南子　熊禮匯注譯　侯迺慧校閱
新譯春秋繁露　朱永嘉、王知常注譯
新譯新書讀本　饒東原注譯　黃沛榮校閱
新譯新語讀本　王　毅注譯　黃俊郎校閱
新譯潛夫論　彭丙成注譯　陳滿銘校閱
新譯論衡讀本　蔡鎮楚注譯　周鳳五校閱
新譯申鑒讀本　林家驪、周明初注譯　周鳳五校閱
新譯人物志　吳家駒注譯　黃志民校閱
新譯張載文選　張金泉注譯
新譯近思錄　張京華注譯

新譯傳習錄　李生龍注譯
新譯呻吟語摘　鄧子勉注譯
新譯明夷待訪錄　李廣柏注譯　李振興校閱

文學類

新譯詩經讀本　滕志賢注譯
新譯楚辭讀本　林家驪注譯
新譯楚辭讀本　傅錫壬注譯
新譯文心雕龍　羅立乾注譯
新譯六朝文絜　蔣遠橋注譯
新譯世說新語　劉正浩、邱燮友等注譯
新譯昭明文選　周啟成等注譯
新譯古文觀止　謝冰瑩、邱燮友等注譯
新譯古文辭類纂　黃　鈞、葉幼明等注譯
新譯樂府詩選　溫洪隆、溫　強注譯
新譯古詩源　馮保善注譯
新譯千家詩　邱燮友、劉正浩注譯
新譯詩品讀本　程章燦、成　林注譯
新譯花間集　朱恒夫注譯
新譯南唐詞　劉慶雲注譯
新譯絕妙好詞　聶安福注譯
新譯唐詩三百首　邱燮友注譯
新譯宋詩三百首　陶文鵬注譯
新譯宋詞三百首　汪　中注譯
新譯宋詞三百首　劉慶雲注譯

新譯元曲三百首　賴橋本、林玫儀注譯
新譯明詩三百首　趙伯陶注譯
新譯清詩三百首　王英志注譯
新譯清詞三百首　陳水雲等注譯
新譯唐人絕句選　卞孝萱、朱崇才注譯　齊益壽校閱
新譯唐才子傳　戴揚本注譯
新譯拾遺記　石　磊注譯
新譯搜神記　黃　鈞注譯
新譯唐傳奇選　束　忱、張宏生注譯　侯迺慧校閱
新譯宋傳奇小說選　束　忱注譯
新譯明傳奇小說選　陳美林、皋于厚注譯
新譯容齋隨筆選　朱永嘉等注譯
新譯明散文選　周明初注譯
新譯人間詞話　馬自毅注譯
新譯白香詞譜　劉慶雲注譯
新譯幽夢影　馮保善注譯
新譯菜根譚　吳家駒注譯
新譯小窗幽記　馬美信注譯
新譯圍爐夜話　馬美信注譯
新譯郁離子　吳家駒注譯
新譯歷代寓言選　黃瑞雲注譯
新譯賈長沙集　林家驪注譯
新譯揚子雲集　葉幼明注譯
新譯曹子建集　曹海東注譯　蕭麗華校閱
新譯建安七子詩文集　韓格平注譯

新譯阮籍詩文集　林家驪注譯　簡宗梧、李清筠校閱
新譯嵇中散集　崔富章注譯　莊耀郎校閱
新譯陸機詩文集　王德華注譯
新譯陶淵明集　溫洪隆注譯　齊益壽校閱
新譯江淹集　羅立乾、李開金注譯
新譯庾信詩文選　歸　青注譯
新譯初唐四傑詩集　李福標注譯
新譯駱賓王文集　黃清泉注譯　陳全得校閱
新譯王維詩文集　陳鐵民注譯
新譯孟浩然詩集　楊　軍注譯
新譯李白詩全集　郁賢皓注譯
新譯李白文集　郁賢皓注譯
新譯杜甫詩選　張忠綱、趙睿才、綦　維注譯
新譯杜詩菁華　林繼中注譯
新譯高適岑參詩選　孫欽善、陳鐵民注譯
新譯昌黎先生文集　周啟成等注譯　陳滿銘等校閱
新譯劉禹錫詩文選　閻　琦注譯
新譯柳宗元文選　卞孝萱、朱崇才注譯
新譯白居易詩文選　陶　敏、魯　茜注譯
新譯元稹詩文選　郭自虎注譯
新譯李賀詩集　彭國忠注譯
新譯杜牧詩文集　張松輝注譯　陳全得校閱
新譯李商隱詩選　朱恒夫、姚　蓉等注譯
新譯范文正公選集　沈松勤、王興華注譯　葉國良校閱
新譯蘇洵文選　羅立剛注譯
新譯蘇軾文選　滕志賢注譯
新譯蘇軾詞選　鄧子勉注譯
新譯蘇轍文選　朱　剛注譯
新譯曾鞏文選　高克勤注譯
新譯王安石文選　沈松勤注譯
新譯唐宋八大家文選　鄧子勉注譯
新譯柳永詞集　侯孝瓊注譯
新譯李清照集　姜漢椿等注譯
新譯陸游詩文集　韓立平注譯　彭國忠校閱
新譯辛棄疾詞選　聶安福注譯
新譯歸有光文選　鄔國平注譯
新譯唐順之詩文選　馬美信注譯
新譯徐渭詩文選　周　群等注譯
新譯薑齋文集　平慧善注譯　周鳳五校閱
新譯顧亭林文集　劉九洲注譯　黃俊郎校閱
新譯方苞文選　鄔國平等注譯
新譯袁枚詩文選　王英志注譯
新譯李慈銘詩文選　潘靜如注譯
新譯聊齋誌異選　任篤行等注譯　袁世碩校閱
新譯閱微草堂筆記　嚴文儒注譯
新譯浮生六記　馬美信注譯
新譯弘一大師詩詞全編　徐正綸編著

歷史類

新譯史記　韓兆琦注譯

新譯漢書　吳榮曾等注譯
新譯後漢書　魏連科等注譯
新譯三國志　吳樹平等注譯
新譯資治通鑑　張大可、韓兆琦等注譯
新譯史記—名篇精選　韓兆琦注譯
新譯尚書讀本　吳璵注譯
新譯尚書讀本　郭建勳注譯
新譯周禮讀本　賀友齡注譯
新譯逸周書　牛鴻恩注譯
新譯左傳讀本　郁賢皓等注譯　傅武光校閱
新譯公羊傳　雪克注譯　周鳳五校閱
新譯穀梁傳　顧寶田注譯　葉國良校閱
新譯春秋穀梁傳　周何注譯
新譯戰國策　溫洪隆注譯　陳滿銘校閱
新譯國語讀本　易中天注譯　侯迺慧校閱
新譯說苑讀本　左松超注譯
新譯說苑讀本　羅少卿注譯　周鳳五校閱
新譯新序讀本　葉幼明注譯　黃沛榮校閱
新譯吳越春秋　黃仁生注譯　李振興校閱
新譯西京雜記　曹海東注譯　李振興校閱
新譯列女傳　黃清泉注譯　陳滿銘校閱
新譯越絕書　劉建國注譯　黃俊郎校閱
新譯燕丹子　曹海東注譯　李振興校閱
新譯東萊博議　李振興、簡宗梧注譯
新譯唐六典　朱永嘉、蕭木注譯
新譯唐摭言　姜漢椿注譯

宗教類

新譯金剛經　徐興無注譯　侯迺慧校閱
新譯高僧傳　朱恒夫、王學均等注譯　潘栢世校閱
新譯碧巖集　吳平注譯
新譯百喻經　顧寶田注譯
新譯楞嚴經　賴永海、楊維中注譯
新譯梵網經　王建光注譯
新譯圓覺經　商海鋒注譯
新譯法句經　劉學軍注譯
新譯六祖壇經　李中華注譯　丁敏校閱
新譯禪林寶訓　李中華注譯　潘栢世校閱
新譯維摩詰經　陳引馳、林曉光注譯
新譯經律異相　顏洽茂注譯
新譯阿彌陀經　蘇樹華注譯
新譯無量壽經　邱高興注譯
新譯無量壽經　蘇樹華注譯
新譯妙法蓮華經　張松輝注譯　丁敏校閱
新譯景德傳燈錄　顧宏義注譯
新譯大乘起信論　韓廷傑注譯　潘栢世校閱
新譯釋禪波羅蜜　蘇樹華注譯
新譯八識規矩頌　倪梁康注譯
新譯永嘉大師證道歌　蔣九愚注譯
新譯華嚴經入法界品　楊維中注譯

新譯地藏菩薩本願經　李承貴注譯
新譯悟真篇　劉國樑、連　遙注譯
新譯无能子　張松輝注譯
新譯坐忘論　張松輝注譯
新譯列仙傳　張金嶺注譯　陳滿銘校閱
新譯抱朴子　李中華注譯　黃志民校閱
新譯神仙傳　周啟成注譯
新譯性命圭旨　傅鳳英注譯
新譯老子想爾注　顧寶田、張忠利注譯　傅武光校閱
新譯周易參同契　劉國樑注譯　黃沛榮校閱
新譯道門觀心經　王　卡注譯　黃志民校閱
新譯養性延命錄　曾召南注譯　劉正浩校閱
新譯樂育堂語錄　戈國龍注譯
新譯冲虛至德真經　張松輝注譯　周鳳五校閱
新譯長春真人西遊記　顧寶田等注譯
新譯黃庭經・陰符經　劉連朋等注譯

軍事類

新譯司馬法　王雲路注譯
新譯尉繚子　張金泉注譯
新譯三略讀本　傅　傑注譯
新譯六韜讀本　鄔錫非注譯
新譯吳子讀本　王雲路注譯
新譯孫子讀本　吳仁傑注譯
新譯李衛公問對　鄔錫非注譯

教育類

新譯爾雅讀本　陳建初等注譯
新譯顏氏家訓　李振興、黃沛榮等注譯
新譯聰訓齋語　馮保善注譯
新譯曾文正公家書　湯孝純注譯　李振興校閱
新譯三字經　黃沛榮注譯
新譯百家姓　馬自毅、顧宏義注譯
新譯幼學瓊林　馬自毅注譯　陳滿銘校閱
新譯增廣賢文・千字文　馬自毅注譯　李清筠校閱
新譯格言聯璧　馬自毅注譯

政事類

新譯商君書　貝遠辰注譯　陳滿銘校閱
新譯鹽鐵論　盧烈紅注譯　黃志民校閱
新譯貞觀政要　許道勳注譯　陳滿銘校閱

地志類

新譯山海經　楊錫彭注譯
新譯水經注　陳橋驛、葉光庭注譯
新譯佛國記　楊維中注譯
新譯大唐西域記　陳　飛、凡　評注譯　黃俊郎校閱
新譯洛陽伽藍記　劉九洲注譯　侯迺慧校閱
新譯徐霞客遊記　黃　珅注譯　黃志民校閱
新譯東京夢華錄　嚴文儒注譯　侯迺慧校閱